降本增效3板斧7要务
——重新打造企业竞争力

白睿　著

中国铁道出版社有限公司
CHINA RAILWAY PUBLISHING HOUSE CO., LTD.

图书在版编目(CIP)数据

降本增效3板斧7要务:重新打造企业竞争力/白睿著.—北京:中国铁道出版社有限公司,2022.1(2025.11重印)
ISBN 978-7-113-28358-2

Ⅰ.①降… Ⅱ.①白… Ⅲ.①企业管理-成本管理-通俗读物 Ⅳ.①F275.3-49

中国版本图书馆CIP数据核字(2021)第184096号

书　　名: 降本增效3板斧7要务——重新打造企业竞争力
JIANGBEN ZENGXIAO 3 BANFU 7 YAOWU——CHONGXIN DAZAO QIYE JINGZHENGLI
作　　者: 白　睿

责任编辑: 王　佩　　**编辑部电话:**(010)51873022　　**邮箱:**505733396@qq.com
封面设计: 仙　境
责任校对: 焦桂荣
责任印制: 赵星辰

出版发行: 中国铁道出版社有限公司(100054,北京市西城区右安门西街8号)
印　　刷: 三河市宏盛印务有限公司
版　　次: 2022年1月第1版　2025年11月第8次印刷
开　　本: 710 mm×1 000 mm 1/16　**印张:** 12.75　**字数:** 190千
书　　号: ISBN 978-7-113-28358-2
定　　价: 69.80元

前言

2008 年，北京奥运会大放异彩，但是对于我国宏观经济形势则是“非常艰难的一年”，通货膨胀、信贷紧缩、劳动力成本上升、出口受阻和环保风险等各种积累的问题在内外因素的刺激下在一定程度上影响了中国经济的发展。

2020 年，突如其来的疫情更是给全球经济带来极大的影响，许多企业没有熬过“寒冬”，反观 2008 年，当时的“艰难”现在看来反倒并不可怕。

一家企业从无到有、由弱到强，是每一位企业主、老板或经理人共同的愿望，但是如今不得不面对一个时代的难题：如何在不确定的大环境下继续生存与发展？

答案是：降本增效。降本就是砍掉成本、减少浪费，增效就是提高效率、增加效益。那企业究竟降的是什么本、增的是哪些效呢？

笔者在国外游学多年，归国后又先后从事企业管理咨询工作，能够从多视角审视并接触多家企业，其中包括外资、民营、国有还有事业单位，它们主要围绕着企业管理体系建设项目而进行优化与变革。之后笔者逐渐减少在咨询项目上的时间，更多地聚焦于企业管理培训和研究工作上。此外，笔者还拥有在上市集团公司做组织发展实操工作的经验。在这一系列的工作经历过程中，笔者深刻地感受到降本增效在企业管理中的重要性。理念认知、工具应用、制度流程等问题无时无刻都在困扰、影响着企业自身的发展。

以上问题如何解决便成为本书内容和案例编排上的突破口。本书一共有九章内容，分别是头部企业在降本增效策略上竞逐、打一场降本增效的战役、成本领先战略先发制人、组织架构调整消除内耗、组织流程重组瘦身健体、人力成本控制提质增效、人力内控审计全面节本、奖励激励打出最优组合和时间成本控制寸阴寸金，让这些内容应用综合型的降本增效模型，构建企业零浪费系统。全书大体可以分为组织、人工、时间三大部分，具体行动计划可以分为成本战略、组织架构、组织流程、人力成本、内控审计、奖励激励和时间成本七大要务，故而称之为3板斧7要务。

降本增效对当下企业的发展意义是重大的，尽管有时企业因为追求更大的市场而忽略了这一剂“良药”，但它始终存在于幕后，当企业遇到“疾病”无药可用时，它便会闪亮登场，疗愈伤口，指引企业继续健康前行。

白睿于北京

2021年4月

目录

第一章

头部企业在降本增效策略上竞逐

第一节　京瓷:阿米巴经营让成本清晰透明

一、阿米巴经营之父稻盛和夫

稻盛和夫是日本的企业家与哲学家,被称为经营圣手、人生之师,其对于企业经营以及人生理念具有独特且求实的主张。稻盛和夫在40年间成立了京瓷与KDDI两家全球500强企业,是日本四大经营之圣中唯一在世的一位(其他经营之圣分别是松下创始人松下幸之助、索尼创始人盛田昭夫、本田创始人本田宗一郎)。目前,稻盛和夫共出版了数十本关于企业经营与人生哲学的图书,是四千余名企业经营者拥戴的企业导师,其创建的阿米巴经营理念与企业管理模式,被业界称为"京瓷经营成功的两大支柱之一"。

阿米巴经营是将每个阿米巴领导作为中心,让其自主制定规划,凭借所有成员的智慧与努力实现发展目标的经营形式。采取这一经营形式,能够让所有员工有归属感,成为公司的主角,积极参与公司运营,有效地控制成本,从而实现全员参与经营的目标。

企业采用阿米巴经营模式,能够根据外在环境的改变及时做出调整,随时进入最佳状态,是一种能够适应市场变化的灵活性组织。

京瓷公司能够在历经四次全球化经济危机后依然巍然耸立，并得以快速发展，其独特的经营模式功不可没。20世纪90年代，在亚洲金融风暴出现后，日本诸多大型公司面临危机，而京瓷公司在此时迅速发展，一跃成为东京证券交易所内市值最高的公司。专家学者们对其进行深入探究，了解到该公司的经营模式与"阿米巴虫"群体行为极为相似，因此将这种经营模式称为"阿米巴经营"。

二、传统行政组织架构失去了时代特性

企业采用传统职能式管理模式，其组织结构为层级式，这种模式确定后在很长时间之内不会出现变化。因为此类组织结构内，每个人的角色与彼此之间的关系是明确且固定的，也就是上级向下级发布指令，下级执行并向上级汇报工作，每一个职能部门和岗位均有明确的职责，员工的工作是重复且单一的，所以其对应的组织结构是稳固且刻板的。

传统组织结构的优势在于直线管理，采用层级负责的模式，权责清晰，机制简单，统一思想，有利于加强公司内部的专业化程度，方便管理，在这种组织结构模式下，公司经营的决策权由高层管理者把控。

然而，在企业所处的外在环境出现变化时，比如原有市场利润率降低等情况，同时企业扩大发展规模，该组织结构的不足之处会逐渐显现出来：高层管理者负责企业的日常运转、生产经营等活动，承担更多压力，精力不足，对于企业的长远发展缺乏战略思维。而且在这种组织结构下，行政机构逐步扩大，各部门之间缺乏横向联系，导致信息的管理成本增加。另外，各个部门成员更关注的是本部门目标而非企业长期发展目标。如果部门之间的沟通出现问题，那么工作效率会受到直接的影响。

将传统行政组织架构和阿米巴组织架构进行对比，如表1-1所示。

表1-1　传统行政组织架构与阿米巴组织架构比较

比较项目/组织类型	传统行政组织架构	阿米巴组织架构
层次与幅度	层次多、幅度窄	层次少、幅度宽

续上表

比较项目/组织类型	传统行政组织架构	阿米巴组织架构
权力结构	较集中、等级化	分散、多样化
等级差异	不同等级差异大	不同等级差异较大
沟通方式	上下级之间,沟通距离长	上下级之间、平级斜向沟通
职责	附加于具体的职能部门	成员共同分担
通信方式	传统通信方式	现代网络化通信方式
协调	明确的规定管理程序	手段多样,注重直接沟通
持久性	倾向于固定不变	持续地适应最新情况
适用环境	较稳定	快速变化
企业驱动力	高层管理者驱动	市场需求驱动

三、阿米巴组织在降本增效中的优势

阿米巴组织结构是以“可以独立完成某一工序并开发其市场价值”为准则,即做到服务于企业战略,能够独立核算,独立完成业务,权责利具有一致性,将企业整体进行划分,形成一个个可以自主经营、自负盈亏的阿米巴组织。

阿米巴组织是将工作流程作为关键点,并非利用部门职能的不同来建设组织架构。在企业组织结构得以细分的基础上,基层阿米巴组织可以将企业整体能力最大化地利用。最关键的是企业内所有员工在进行组织划分后,责任细化会使其具备经营自家企业的思维,更具有工作积极性,在工作中散发正能量。阿米巴组织不但将工作职能作出详细划分,做到知人善任,物尽其值,为企业培育更多具有战略发展意识的杰出人才,而且企业高层可以实时掌控所有阿米巴组织之间的经营状况,在市场出现变化时能够灵活应对。

阿米巴组织能使企业降本增效,其优势主要体现在以下六个方面。

(1)每个阿米巴组织均有属于自身的产品及市场,可以自主规划发展方向,面对市场变化自主应对。

(2)对于企业管理层而言,能够从日常行政事务以及企业经营的烦杂工作中脱离出来,专注于公司战略发展决策,还能够让每一位阿米巴领导者充分发挥经营管理的主观能动性,最大程度地提高企业效益。

(3)阿米巴组织自主经营、自负盈亏,形成一个完整的企业体系,有助于人才的全方位发展,为企业的发展输送优秀的管理人才。

(4)阿米巴组织是利润中心,针对阿米巴领导人实行绩效考核,评判每一个阿米巴组织为企业利润所作出的贡献,以此作为制定战略发展目标的依据。

(5)依据产品的维度对阿米巴组织加以划分,有利于进行专业化生产,形成规模经济,运用专业化的设备,让每一位员工的专业知识与技术水平在生产与销售的过程中得以充分施展,对于提升劳动生产率、增加企业的经济效益具有积极作用。

(6)各个阿米巴组织之间能够对比、竞争,从而提高企业活力,推动企业全方位发展。自主经营、自负盈亏的模式能够更好地实现目标管理,在此背景下,企业管理层的幅度能够随之得以拓展。

四、信息化协助阿米巴经营管理

在京瓷公司内部,阿米巴经营模式下的员工效率很高,日常管理也十分严格。譬如,每晚8点必须要将业绩表进行汇总,并提交到集团总部,每月的月初、月中与月底进行核查。

当时,公司面临的问题主要包括以下三个方面,如表1-2所示。

表1-2　公司面临三个方面问题

方面需求	具体表现
需要拓展新的业务范畴	产品架构过于单一;经济环境差;业绩衰落
需要控制费用	手工核算成本,需要员工加班才能够完成集团的要求;月末务必要提早完成业务量,从而应对成本结算;管理成本过高
需要持续优化改善	高层管理决策时没有实时数据作为依据;决策风险高

解决办法主要是从开源和节流两个方面进行。开源是指开拓新业务,主要情况和改善策略如表1-3所示。

表 1-3 主要情况和改善策略

情　　况	改善策略
采用大客户模式,过分依赖于大客户;产品种类过于单一;经济环境差,业绩萎缩到七千万元	将鸡蛋放入多个篮子中,寻找更多的合作客户,防止一家独大的状况;拓展原材料代理粉末销售业务;业绩提高两倍,粉末占比三成

因此,鼎捷软件为京瓷实施阿米巴经营模式给予系统支持:规则由人制定,而系统可以自动核算。在核算基础一致的情况下,依照最细维度加以核算,在汇总角度方面,法人和阿米巴目的不同。比如,会计科目是服务于法人的,而核算是为阿米巴服务。业务数据一致的情况下,依照法人和阿米巴不同的规则作出核算,法人是根据外部进出价格加以核算,而阿米巴是根据内部进出价格加以核算。当核算数据一致时,根据需求的差异来对呈现的格式与数据汇总方式进行确定,从而满足法人和阿米巴的不同需求。

在节流方面,主要是控制成本费用,如表 1-4 所示。

表 1-4 主要情况和改善后

情　　况	改 善 后
手工核算成本时,每月为了确保 1 号结算成本,月底时财务会提出提前结束业务的要求,因此经常会有加班的现象;制订销售计划时,会细化到具体时间及具体人员的收入、费用等;每个月月初、月中、月末要核对与月初标准之间的差异,统计的工作量增加,效率低	系统自动核算,每一个月末能够自动核算成本;系统能够自动比较标准数据与实际数据,出现异常时会自动发出预警

系统给组织带来了改变。首先在成本模型这里,能够在 30 分钟之内完成成本核算,每一天都可以生产阿米巴结果,能够自动比较标准数据与实际数据,出现异常时会自动发出预警,最终帮助京瓷拥有精细化成本核算的能力。

特别是在产品成本方面,项目组进行充分了解并给予处理方案,由于京瓷内部员工与制费成本是依照分配的模式获取,因此在权衡费率差时如果可以将变化的成本费率差加以区分与核算,就能够排除月度产量差形成的费率差变化。如图 1-1、图 1-2、图 1-3 所示。

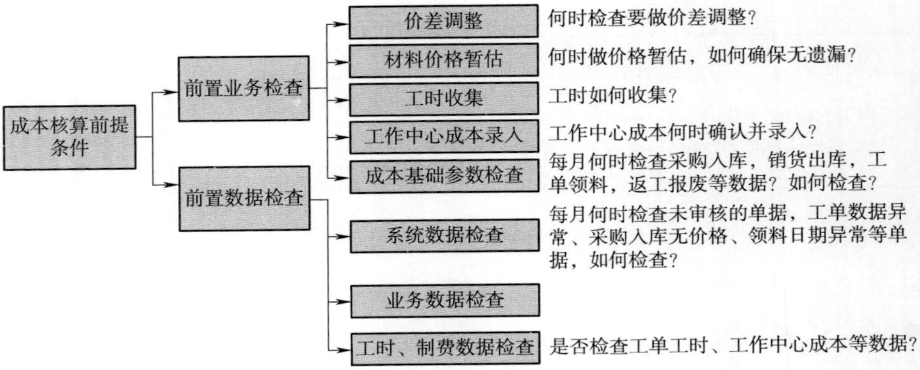

图 1-1　成本快速核算能力

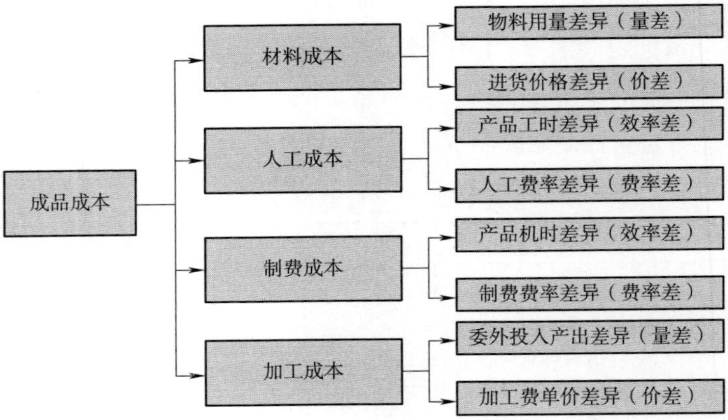

图 1-2　成本精准分析能力

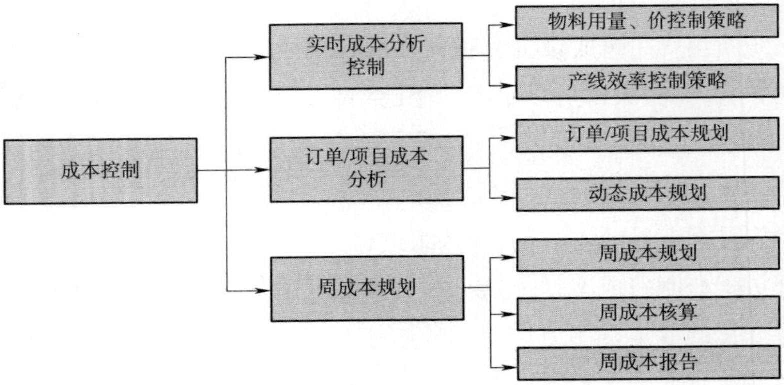

图 1-3　成本控制模型

系统可以针对订单与品号等多个角度,对成本利润做出深入剖析,将产能进行匹配,给予最佳的排单计划。如图 1-4 所示。

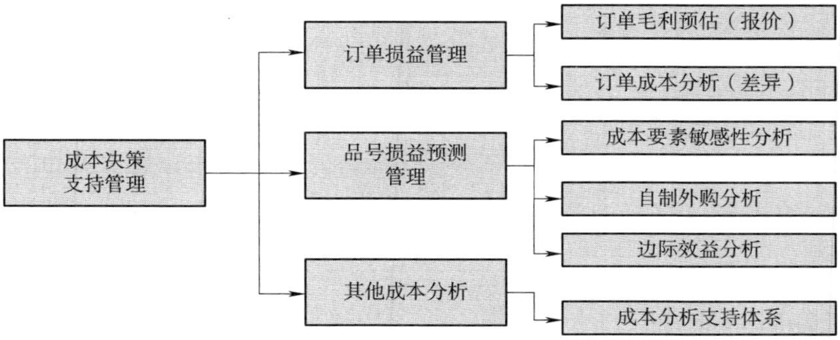

图 1-4 成本决策支持模型

京瓷逐步拥有精细化成本核算的能力,在成本控制与决策支撑管理方面做出进一步的探究,对于成本管控方面逐步优化,使其成为制造行业中降本增效管理的标杆,在市场竞争中立于不败之地,并居于行业领导地位。

第二节 字节跳动:飞书产生"飞效应"

字节跳动在 2012 年创立之后,在全球推行了诸多具有影响力的产品,其中涵盖了综合资讯类 App,比如今日头条、TopBuzz、News Republic,视频类的 App,比如抖音、西瓜视频、火山小视频、TikTok、BuzzVideo、Vigo Video,并拓展了 AI 教育产品、技术服务以及企业 SaaS 等诸多新型业务。

一、人员快速增长,飞书突破信息孤岛

字节跳动业务发展迅猛,人员规模壮大速度也随之加快,企业员工近 10 万人,办公室数十个,企业内部的沟通与协作成本随之增加,虽采用过全球众多协作软件协助沟通,但在此方面依然面临巨大考验。

字节跳动在 2017 年就开始全面采用飞书软件,该软件把工作中使用率最高的即时沟通、在线文档、智能日历以及工作台的信息流进行打通,让信

息快速流转,员工能够以最快速度作出回应,最大限度地提高协作效率。飞书平台涵盖了办公所需的全部工具与系统,比如在有产品需求时,产品团队可以利用在线文档与思维导图在最短时间内整理需求,一键同步到研发与产品运营两个团队中,与此同时可以利用公共日历,便于同步产品的发版时间等。大型的市场活动可以用在线表格对活动的流程、物品需求加以统计,可随时同步和评论,突破信息孤岛。日常工作中会有大量的会议组织与招聘面试,组织者可以运用日历了解对方的时间安排情况,节约较大的成本开支,高效利用时间。

近几年非常火爆的今日头条、抖音等App,均受益于飞书这一秘密武器。根据相关数据得知,通过飞书,跨部门的项目效率能够提高至24%。飞书能够让成本更节约,管理更畅通,使企业与产品得以快速发展。

二、跨越时差,打造全球创作与交流平台

字节跳动的产品与服务已遍布全球150个国家和地区,使用语种高达75个,曾经在40多个国家和地区的应用商品排行榜中位居前列。字节跳动实施全球化布局,在上百个城市成立研发中心,但是分布地区越广泛,越容易受到时差、地域差异等因素的影响,使得项目协同成为一大难题。

字节跳动的一位员工表示,通常与在美国、印度两地的员工在工作方面会面临以下几种难题。首先,各个区域难以协同,项目大多数依赖于线上沟通,且项目的背景与进展情况难以实现多方同步;其次,跨国会议较为困难,由于涉及多个时区,需要耗费时间计算各区域之间的时差,增加了成本;最后,异地的差旅成本极高,且效率受到限制。

使用飞书之后,异地协同有了显著改善。第一,飞书中很多信息是公开、透明的,不仅可以组织积累大量高价值的文件,还能够做到实时更新。项目组能够利用共享文档了解项目的背景、活动效果剖析以及用户反馈等,地域与时差不会对信息产生影响。第二,飞书能够把时间变为可视化,能够直观地了解到其他时区的时间,比如国内的工作人员能够随时了解美国时

间,快速预约美国同事,十分便捷。第三,飞书为企业提供强大的信息系统,使得异地差旅的费用显著减少,最大限度地减少时间与成本。根据相关数据得知,字节跳动每一年在异地协作方面节省 40% 的成本。飞书界面如图 1-5 所示。

图 1-5　飞书界面

三、飞书利用强大开放性兼容个性化需求

字节跳动属于技术型企业,在定制化方面需要系统具备强大的开放性作为支撑,以此来协助自身快速发展,因而对于功能强大、使用便捷的软件的需求更加迫切。

飞书所具备的强大开放性能够最大限度地满足企业的个性化需求,能够支撑 ISV 产品接入、企业的自主研发,与现有系统进行对接,实现组织的具体需求。当下,购物商场利用小程序进行接入,班车信息利用 H5 研发,工程师针对企业的需求开发了机器人,最大程度地满足个性化需求。而且 IT 部门只需对一个系统进行维护,能够减少管理成本。

根据字节跳动的人力资源研究院的统计数据得知,使用飞书后节约人工成本高达 43%。无独有偶,在疫情期间,对于老百姓而言最大的安全感就是有新鲜健康的食物，美莱网联合供应商向武汉地区捐献新鲜食材33.5亿吨，坚持在抗疫第一线，在50多个城市为老百姓提供食材配送服务。美莱网在业务量暴涨、员工散落在各个地区的状态下，能够确保员工顺畅沟通，其利用飞书的音视频会议、云文档等远程办公功能，使得员工们可以高效处理工作。为了确保员工的健康与安全，美莱网给予员工完善的防疫设备与流程，利用飞书中健康报备的应用，可以快速了解员工所在地、体温以及14天内的健康情况，还能自动生成统计报告更加直观清晰地了解员工每日健康情况，最大程度地降低风险。

四、当数据和信息变得烦杂，降本增效是关键

美莱网的首席信息官（CIO）带领的团队负责公司的信息化建设，其中包括信息安全、运行维护，使公司能够实现快速安全的信息流转、知识共享以及组织管理，同时也担负为其公司创建互联网基础设施的职责，为研发与运行维护部门给予各类高效的自动化平台与工具，提高产品的研发效率。

疫情期间，业务量短时间内暴涨，团队采用精细化运维管理，多维度的安全加固，确保美莱网可以满足家庭及餐厅的需求。申请IT相关资源在美莱网的各个部门中是使用频率最高的办公场景。以往，某个部门要申请服务器时，审批流程过于烦杂，需要通过多个节点，且在每个节点提供预算、资源使用率以及服务性能等相关数据。如果通过邮件的形式审批，存在审批人漏看邮件或者信息反复难以汇总的隐患，造成审批停滞在某一节点中。

美莱网在运用飞书之后，针对审批流程进行改善，若某一团队需申请服务器，申请人只需在飞书上创建云文档模板，填写申请原因、采购预算、服务器使用状况等信息，在填写完毕后快速分享给审批人依次进行审批，也可以选择发送给所有审批人并行审批。

当审批人对申请有疑问时，能够在文档中直接进行评论，与申请人实时沟通，沟通的过程会记录在文档当中，下一级审批人可以看到全部内容，更加快速直观地了解需求状况以及在其他节点中审批的状况，有利于快速决

策,提高审批效率。

技术部门在工作过程当中可以把运营维护、安全等各方面的工作信息与流程有效地记录并进行保存。不仅如此,企业的其他部门也可以把蔬菜相关的知识与信息添加至企业的知识库内,全体员工均可以共享,便于新老员工学习与掌握,形成完善的知识库。

第三节 丰田:精益管理成为核心竞争力和高效源泉

一、丰田管理模式的重点在于精益生产模式

丰田的管理模式已作为该公司在管理与生产活动当中的一种品牌模式,是其保持核心竞争力与高效生产的基础,同时也发展成为全球企业在经营与管理方面学习的典范。

当下,全球众多大型企业都在对丰田的管理模式进行研究与学习,创建了相关管理体系,企图超越这一标杆,福特公司、克莱斯勒公司等全球知名企业均参与其中。然而,让人意外的是虽然丰田的管理模式已经得到了全球的认可与接纳,但是真正成功运用的企业寥寥无几。

近几年,到日本丰田公司参观与学习的企业管理人员数以万计,但是这些管理者将这一管理模式运用到自家企业中,并未收获预想的效果。究其原因,笔者认为管理者在参观学习后,仅了解到丰田管理模式的外在,包括其生产活动的交接、固定的生产流程等,并未深入到内核,只是将这些内容完全照搬到企业管理当中,效果自然无法达到预期。

其实,很多貌似简单的活动与程序背后,都蕴藏着丰田公司的管理精华,比如精细化生产,即精益生产模式(TPS,toyota production system),该模式在丰田的企业管理、产品开发、生产与销售等所有管理活动中得以充分运用,成为丰田管理模式的核心竞争力。

二、精益生产模式在成本管理上展现强大力量

精益生产模式在成本管理上展现的强大力量主要表现在如下几方面。

首先,丰田的精细化管理主要展现在生产流程的规范化、合理化以及紧密性方面。为了达到生产及时化且质量稳定的目标,必然要重视作业活动过程中的细节问题,将所有工作划分成紧密衔接的流程,并明确各个流程的工作内容、位置、时间与绩效。

比如,在安装汽车座椅时,螺丝必须以相同的顺序进行安装,在规定时间内完成,甚至对于螺丝的扭矩作出了明确的规定,这种精确管理的方法不仅体现在具备重复性的生产活动中,同时也被应用在企业管理活动当中,该管理模式看似简单,然而并非任何一个企业都可以实现。

其次,丰田的精细化管理在其成本管理上也得以展现,对于生产成本实行目标管理,把产品成本进行精细分类,加以考核,所以,该公司在节约成本、降低库存方面也做到了精细化控制。该管理思想实现了众多企业所期望的低成本、高效率的经营目标。

最后,丰田的精细化管理还展现在其发展目标的规划以及新产品研发与预判方面。该公司在远期、中期与近期目标中均做到了合理规划与运行,而且在新产品研发与预判方面也做到了精细的目标定位。

三、丰田管理模式的内核是持续竞争和管理基础

在丰田管理模式的影响之下,企业若要得到长久的发展与成功,必须要拥有具备自身特色的管理模式,并在发展的过程当中逐步创新与完善。企业要想在激烈的竞争中崭露头角,必须具备两大要素,一是经营管理方面有持续创新的能力,二是拥有强大的管理基础,尤其是在减少成本、提高效率与质量方面。在当下的国内经济形势中,国内企业的经营管理思维由粗放式转变为精细化管理已然成为其发展的方向。针对丰田精益管理模式的学习,企业的管理模式可以从如下四个方面进行改善。

(1)强化成本管理,针对收益低于成本投入的产品进行定期、定性、定

量的深入剖析，给予相应对策，及时进行改善。比如，航空公司可以对每条航线、每个航班进行成本核算，针对收益低于成本投入的航班进行有效监控，及时作出优化。

(2)强化生产中的流程管理，对于所有工序与流程的落实做到可追溯、可衔接、可测量，实现科学化、规范化的流程管理目标。

(3)将精细化管理与人本管理实现有机融合，把“以人为本”的管理思想全方位融入管理的所有流程当中。

(4)把企业的文化建设与企业管理进行有机结合，对于丰田的管理模式可作为参考，而非照搬，使其成为具备自身特色的管理模式。

丰田作为全球制造行业中的佼佼者，已是诸多企业学习的目标。丰田公司采用的管理思想与管理模式，包括准时生产制、无库存生产模式等思想被广泛学习，虽然一些企业在借鉴该模式后取得了明显效果，然而仅仅是学到了部分管理工具，真正学到精髓的只是凤毛麟角，即便如此，也能够使其在同行中遥遥领先。

四、丰田管理模式的 14 条原则

丰田管理模式的核心在于其精益理念，它已经融入全体员工的思维之中。比如关于浪费，丰田表示不为客户创造价值的活动均属于浪费，不增加价值的活动要摒弃，包含生产过剩、不良库存、现场等候等都被看作是浪费，必须要尽可能地减少甚至摒除，缩减前置期时间，减少制造周期，即便是能够创造价值的活动，其所使用的资源高于“绝对最少”的节点，也属于浪费行为，要将该思想运用到所有的工作流程当中。

原则 1：管理决策要将长期理念作为根据，为此舍弃短期财务目标也绝不犹豫。

企业要具备一个领先于所有短期决策的长远目标思维，让企业的整体运营与短期发展可以产生联系，并将其作为企业战略目标去奋力实现。同时，对企业的历史地位作出全方位了解，尽力让企业向新阶段发展，企业长期理念的使用是其他原则的基础。

该原则的宗旨在于为客户、社会创造经济价值,同时,评判企业每一个部门实现目标的能力,其是否具备强大的责任感,能否通过自身的努力改变命运、提高自身的能力,能否提升创造价值的能力,以及承担相应的责任。丰田精益管理如图1-6所示。

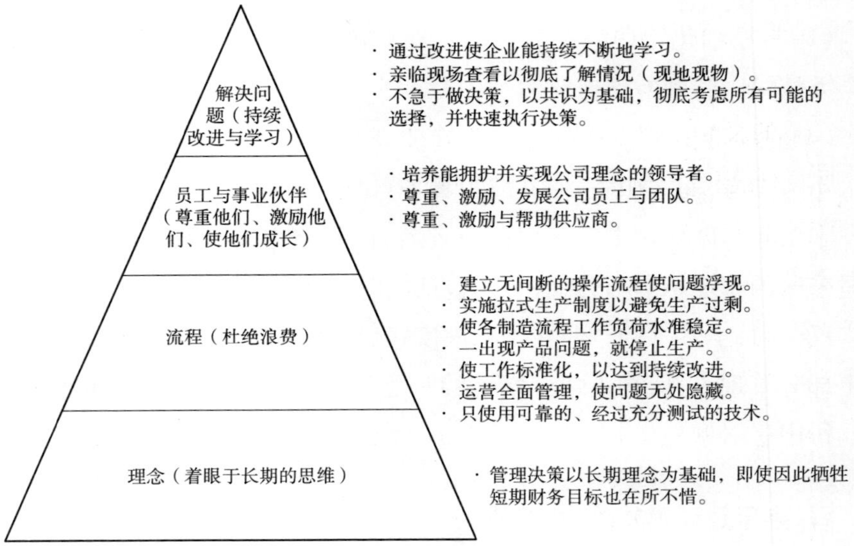

图1-6 丰田精益管理图

原则2:创建连续的作业流程才能够呈现出问题。

重新研发工作流程,使其成为能够创造附加值更高的连续程序,尽可能地把工作规划当中空闲或者等候其他人员工作的时间缩减至零。

建设快速输送材料和信息的流程,使得流程与人员之间紧密结合,从而让问题直观地显现。企业文化注重流程,这是推动持续完善和员工发展的重中之重。

原则3:运用拉式生产模式防止生产过剩。

当生产流程下游客户有需求时,为其提供相应数量的产品。材料补充取决于消费量,这是准时生产的基本准则。

让在制品和仓库存货减少至最低数量,每一种产品保持少量的存货,依照客户实际购买的数量进行精准补货。

依照客户需求的变化动态,而非依赖于时间表与系统对所耗费的存货进行追溯。

原则4:实现工作的生产均衡化,工作要与龟兔赛跑故事当中的乌龟一样。

严禁浪费是实现精益的重要部分,防止员工与设备的工作负荷过重,当地生产安排不均衡也是非常关键的要素,然而大部分试图尝试采用精益原则的企业对此却并未充分了解。

尽可能将所有的制造与服务流程的工作负荷均衡化,从而代替大多数企业实施的批量生产模式中出现的启动、停止、再启动的循环模式。

原则5:创建即刻停止来解决问题,从最初就注重质量控制的文化。

产品的定价取决于为客户提供的质量,采取所有保障产品质量的方法,让生产设备拥有发现问题即刻停止生产的技术,建设可视系统用于警醒员工或管理层某一个机器或者流程需要帮助,自动化是企业内建质检(built-in quality)的核心与基础。

在企业当中制定能够快速处理问题的机制与措施,在企业文化当中加入出现问题时即刻暂停或者放慢速度、就地改善以提高生产力的思想理念。

原则6:标准化的工作是持续完善与授权员工的基础。

在工作场合中的所有地点都要运用稳定且可重复的方法,用于维持流程的可预测性、规律的动作时间和产出,这也是单件流与拉式生产的基础。

在特定时间内,要吸收对流程的学习感悟,将当下的最佳实务规范化,让员工对于标准提出建设性的改良建议,将这些内容列入新标准当中。如此便可以在员工变动时,将学习感悟传达给接替该岗位的员工。

原则7:利用可视化管理让问题显露无遗。

运用简单的视觉指令,协助员工明确其是否在标准状态中,或者是否了解状况出现变化,防止由于运用计算机屏幕而使员工注意力由工作场所转移。

创建简单的可视系统,将其安装在执行工作的地点,用于支撑单件流与拉式生产模式。尽量将报告缩短在一页之内,即便是最关键的财务决策报告也是如此。

原则8:利用可靠并已通过全面测试的技术对员工和生产流程提供帮助。

技术是用于协助员工的,并非对其进行取代。通常情况下,最佳方式是将技术应用在流程之前,首先用人工的方式去证明其是行之有效的。新技术通常是不可控且无法实现标准化的,所以对于流程具有一定的危险性,运用已经过检测的流程正常运行的重要性要高于未经全面检测的新技术。

企业流程、制造系统与产品开发在使用新技术之前,务必要通过实际检测。和企业文化存在矛盾,或者是有可能会对技术的稳定性、可考虑性与可预测性产生危害的,要及时加以改进,或者直接摒弃。

但是,在探究新工作方式时,应对于员工考虑新技术的行为给予鼓励。如果某一适合的技术通过了全面检测,而且可以完善流程,就要在最短的时间内进行落实。

原则9:培养熟知企业理念的领导者,使其可以教导并带领其他员工。

与其从外部招聘管理人员,不如从企业内部进行培养。不要将管理人员的职责看作仅仅是为了完成工作和具备良好的人际关系,领导者作为企业理念与行为标杆,必须对日常工作具有全方位的了解,才能够成为企业文化理念的优秀教导者。

原则10:培育并发展遵循企业理念的优秀人才与团队。

创建坚实稳定的企业文化,让企业价值观与思想理念得以普及与延续。培养优秀的员工与团队用于实现企业理念,从而得到更好的收获,持续加强企业文化的贯彻与落实。采用跨部门团队进而提升品质和生产效率,处理难度高的技术性问题,完善流程。要学会授权,所谓授权指的是让员工利用企业的工具对运营进行优化。

持续教导员工利用团队合作的方法完成企业的共同目标,团队协作是每一位员工必须要学习的内容。

原则11:注重合作伙伴和供应商,鼓励并协助其改进。

重视企业的合作伙伴与供应商,将其看作是事业发展的必备要素。鼓励外部合作伙伴,协助其成长与发展,重视他们的要求,为其明确具有挑战性的目标,并协助其完成该目标。

原则12:亲自到现场,充分了解实际情况。

处理问题和完善流程都务必要追溯其根源,亲自到现场观察,再对所得数据进行检验,并非依照他人言语或计算机屏幕所展现的内容作出判断。依照亲自证实的数据信息进行思考与论述。即便是公司的高管或者部门主管,也必须要亲自查看具体情况,才能够对真实情况作出更加深入的了解。

原则13:确定决策必须要稳妥,利用全部选择获得统一意见,在执行决策时要快速。

当对于其他选择并未作出充分了解时,不能武断地判断某一方向为目标。但是,在充分考虑之后确定了途径,就要立即并慎重地付诸行动。

"根回"(nemawashi)指的是与全部的相关人员以及受到影响的人员一同探讨问题并寻找解决的方案,征集其建议与意见,并针对处理方案达成共识。尽管在达成共识的过程中会耗费时间,但其有利于全方位地探索解决办法,在有了决定之后要快速实施。

原则14:经过不断地反省和持续改进从而成为一个学习型的组织。

在形成稳固的流程之后,采用不断完善的工具去寻找造成效率低下的根源所在,并采用针对性的措施加以解决。创建几乎无需存货的流程,能够让全体人员直观地了解时间与资源的耗费,如果出现了浪费的情况,要立即改善流程,杜绝浪费。制定人事稳固、升迁缓慢而严格的接班人制度,进而保护企业知识库。将反省贯穿于工作的各个流程中,在某个计划完成之后,将该计划的所有不足之处加以说明,并给予相应的解决措施,防止未来出现同样的错误。

将最佳实务标准化,从而督促员工学习,并非在所有新计划与每一位新的领导者出现时,再一次制定新机制。

丰田公司的上述14条原则,大多数都通俗易懂,然而有一部分是与常人的认知存在冲突的。其中最为明显的是第2条原则,也就是丰田无间断生产的单件流理念。在传统制造业企业中,如果要更换机器或者员工请假等情况,一个流程停止生产,其他的流程能够继续运行,因为有库存可以作为支撑。然而在丰田企业,把每一个作业融到一起的单件流生产模式中,有任何一台设备停止生产,那么作业小组就要全体停止生产活动。

针对为何不储备存货作为支撑的问题,丰田表示,不管是一堆材料或者是信件要处理,这种存货的形式中隐藏着问题,而且影响效率。因为存货的行为会让员工形成出现问题不及时解决的坏习惯,这一点是无法对工作流程具有改善作用的。丰田宁愿担负停产风险,也要突出问题的存在,激励员工共同面对与解决问题。

其实,能够做到这一点是非常困难的,大多数企业是无法从根本上实现单件流生产的,在面对难题时,会在短时间内打消这种会产生亏损的方式,进而回归至原本的生产模式中。

另外一点是接单生产,实现生产均衡化,这对制造行业而言也是难以实施的,但是丰田实现了,这需要设计、制造与销售等多个部门共同配合,要进行精准的预判与需求指导。由于本书的篇幅问题,不再针对其进行探讨,有兴趣的读者可以深入了解。

很多企业在运用丰田生产方式的各种工具时,仅仅依照丰田模式当中的几项原则,那么形成的结果就是绩效在短时间内获得快速提高,但无法保持长久。假如企业可以将丰田模式的所有原则进行全方位落实,那么也就是依照丰田的生产模式,使其所具备的竞争优势更加长久。

精益并非在某一个制造流程中参考丰田公司采用的工具,关键是找到适合本企业使用的原则,并将这些原则落在实处才能够提升绩效,为客户与社会创造价值,同时这也是竞争力与获利能力的体现。

第四节　海尔:日清日高创造降本增效新篇章

一、"日事日毕,日清日高",已经等同于海尔的品牌

海尔的全面质量管理中最关键的原则是"三全",即全面、全方位、全过

程。全面质量管理指的是全体员工均参与管理。在质量管理的整体过程当中，海尔采用日清管理法，即全面针对所有员工、每天要做的每一件事情加以控制与清理。日事日毕，日清日高，即今日工作今日完成，今天完成的事情要比前一天有所提高，明日的目标要超出今日才行。

“日事日毕，日清日高”的理念不但对企业管理具有重要作用，对于员工个人而言也是十分重要的，遵守这一原则，能够确保员工在工作方面有序且保质保量地完成。同时该原则也是自我管理的黄金准则，从本质上而言，这句话包含了今日事今日毕和每天都有进步的两层含义。

二、小微如何利用并调动人力资本

跨国制造商海尔正在努力变身为网络化平台型生态圈组织。这一转型只是一个新的起点，海尔的目标是转型为创客孵化器，彻底告别旧的商业模式和传统管理方式。从所有变革观念和变革实践中脱颖而出的是“小微”，几乎每个海尔人与小微都有着某种程度的关联。因此，选择从小微切入，是海尔在互联网时代的新转型。

小微是海尔平台组织上的基本创新单元，也就是独立运营的创业团队，能够充分利用海尔平台上的资源快速实现变现价值。小微可以按两种方式进行分类，即全流程生态圈小微和资源类小微。

1. 全流程生态圈小微

海尔人亲历了从员工和执行者到企业家和商业合作伙伴的过渡。小微业务合伙人，被定义为“动态业务合伙人”，即在初始阶段，可以作为合伙人加入并最终成为股东，如果无法取得预期进展，必须随时准备离开。

在人才吸引方面，海尔的理念从“找人”“猎人”转变为“吸引人”，主张充分展示小微的优势和发展前景，吸引到小微需要的创客。同时，人才吸引方式也从单个人才的吸引转变为团队吸引。在用人的方式上，海尔也提出了在册、在线、合作等模式，灵活解决人才与企业的合作模式。

海尔还通过建立线上人才吸引平台，海尔“创吧”把用人的各种理念通过互联网方式落实。同时，“创吧”规划通过连接海尔人力资源生态圈中的其他资源,如资源创新平台、海尔大学、共享中心等,开放聚集更多类型的一流资源合作共赢,逐步实现人力资源全生态链的互联网建设。

2. 资源类小微

小微还利用其价值链上的所有资源,包括从上游供应商到参与流程早期的下游用户。小微与用户的互动注重粉丝和意见领袖也是一项明智之举。如雷神小微,充分发挥中国几乎所有社交媒体渠道的作用,目前管理超过500万在线粉丝,粉丝类型根据不同层次划分。现已逐步建立了雷神小微的生态圈,用开放的社会资源共建共赢的生态圈。除此之外,海尔还开放性地联合科研机构以吸引人才和获取创新解决方案。典型示例是HOPE(海尔开放创新平台),目标受众是学术机构、学科专家、研发公司等。通过HOPE平台,海尔接入了全球一流的设计资源和研发资源,平均每月有500个创新理念源自HOPE平台,包括热销产品自洁型洗衣机。

三、日清日高管理法的三个重要内容

日清日高管理法是全方位地对每人、每天做的所有事情加以控制与清理,以实现日事日毕,日清日高;企业每天发生的事情都有人管理,以实现控制不漏项。所有的人都有管理和控制的内容,要按照工作标准对需要控制的事项,按照既定计划落实,每天将执行结果与指标进行对比、总结和改善,达到对发展过程实现日控、事控的目的,保障所有事态均向着既定目标发展。简单来说就是总账不漏项,事事有人管,人人都管事,管事看效果,管人看考核。

详细来说,该方法包含下面三个内容。

1. 目标系统

目标是企业发展方向的体现,目标的高度是在市场获得竞争力的需要,若目标低于竞争企业那么就无存在意义。把整体目标划分为每个部门要完成的小目标,再将详细目标值具体分配给每一位员工,将总目标落实到所有员工身上。

(1)指标可以进行衡量,比如在质量管理方面,将156个工序中的545项具体责任加以量化,订制成小册子,甚至对一个螺钉质量所承担的责任作出明确的规定。

(2)目标划分要遵守责任列入原则。每一项工作都要依照标准作出划分,明确指出主管人、责任人、配合人和审核人的具体工作程序与内容,以及工作的时间与频率,进而将企业的所有事宜分配到个人负责,使得目标考核能够追根溯源。比如,每台冰箱的156道工序中,从第一道工序开始就明文规定严禁二等品。

(3)实现管理不漏项。企业中的所有物品,大到设备小到玻璃,每一件物品都应有其责任人,而且会在每一件实物旁边做出显著标识,确保每件物品均有负责人。比如,在车间、办公室,甚至是材料库一共有2 964块玻璃,每一块都标注了其负责人。

拥有该目标系统,能够确保企业内部所有工作、所有事情与物品在井然有序的管理状态中,从而让企业内部上至管理层、下至普通员工都能够清晰地了解自己每天的工作及相关标准,应该收到怎样的结果,进而确保企业所有工作具备其目标性与有效性,杜绝浪费。

2. 日清控制系统

创建每人每天对自身所做的每件事作出清理、核查的日日清控制体系。其涵盖以下两个方面。

(1)"日事日毕",也就是针对当天出现的所有问题都在当日了解原因,明确责任,及时采取对策,解决问题,避免问题累积,确保目标能够完成。用"3E卡",记载每个人每天对每一件事情的日清全过程以及相关结果。

(2)"日清日高",也就是针对工作中出现的薄弱方面加以完善,逐渐加强,要求员工坚持每天提升1%,70天后,自身的工作能力就能够提升一倍。

日清控制在具体落实方面具有两种方式:首先,全体员工自我日清。其次,职能管理人员依照明确的管理流程,定期针对自身所担负的管理职能对管理目标进行现场检查,同时也是针对员工自我日清的复审。组织系统的日清控制包括生产作业现场与职能管理部门的日清,两者相融合会产生纵横交错的日清控制网络系统。不管是部门日清或者是员工的自我日清,都要严格依照日清管理流程与日清表进行清理,并把每天的清理结果按时记录在日清管理台账当中。

日清系统当中最重要的部分是复审。如果没有复审环节，只部署工作而不核查，那么就无法形成闭环，难以达到预期效果。因此，在日清过程中要对管理层的复审着重关注，复审过程中发现的问题要及时改进。在现场指定日清栏，管理责任人要在固定时间内巡查一次，发现问题及时进行处理，并在日清栏上进行填写。假如一定时间内未发现问题，就要将目标值提高。

3. *有效激励机制*

激励机制是日清控制体系得以正常运行的基础保障，在激励措施上要坚持以下三个准则。

(1)要公平、公开、公正。利用3E卡，每天将员工的收入公开。

(2)实施"三工并存、动态转换"的策略，进一步提高员工素质。

(3)"三工并存"中的工是指海尔的优秀员工、合格员工与试用员工。创建自主管理的班组团队，这一组织是向自主管理发展的一个尝试，实施班组升级制度，也就是将每个班组划分为合格、免检与自主管理三个类型。

此外，设立海尔奖、海尔希望奖、职工合理化建议奖以及用职工姓名来命名的各类奖项，以此作为奖励方式，给予职工精神奖励，让员工充分体会到自身价值。

四、日清日高管理法的三张表

日清栏由两部分组成：一部分是在每个生产作业现场设立的一级大表，将该作业现场的质量、工艺纪律、设备、材料物耗、生产计划、文明生产和劳动纪律等方面的实际情况，每2小时由职能巡检人员登记填写一次，公布于众。另一部分是职能人员对上述七方面进行巡检时做的记录和每天的日清栏考评意见，它将每天日清栏的全部情况进行汇总和评价，存档备查。

3E卡，指"3E日清工作记录卡"。"3E"为每天、每人、每个方面三个英文单词的开头字母。3E卡将每个员工每天工作的七个要素(产量、质量、物耗、工艺操作、安全、文明生产、劳动纪律)量化为价值，每天由员工自我清理计算日薪并填写记账、检查确认，车间主任及职能管理员抽查，月底汇总兑现计件工资。其计算公式为:岗位工资 = 点数 × 点值 × 产量 + 各种奖罚。这使每个人每天的工作都有了一个明确定量的结果,体现了数据说话的公正性和权威性,保证了各项工作的有序运作。

管理员日清表,由各级管理人员在下班后进行清理时填写,主要对例行管理的受控状况进行清理和分析,找出存在问题的原因、整改措施和责任人,不断提高受控率。

"日日清"的内容分为现场日清和职能日清。如表1-5、表1-6所示。

表1-5 现场管理日清栏

项目	质量	设备	工艺纪律	材料消耗	生产计划	劳动纪律	文明生产
巡检问题							
车间主任							
巡检时间							

表1-6 职能管理日清栏

项目	区域	职能	问题	原因	措施	时间	结果
巡检问题							
科长审核							
巡检时间							

1. 3E卡

(1)3E卡日清的七项内容及标准。

- 质量:指标;责任人;红白票。
- 工艺:首件指标对比;工艺纪律。
- 设备:保养;利用率;责任人。
- 物耗:材料;能源;设备;素质。
- 生产:计划;实际;措施;欠产。
- 文明:卫生;区域;安全;责任。
- 纪律:标准;现状;措施;责任。
- 3E卡效果分析:每天工作目标明确,用数据说话有公正性和权威性,保证各项工作的正常运行。

(2)现场七项日清和职能日清内容。

首先,对作业现场设立的日清表记录现场质量、设备、工艺纪律、劳动纪律、材料消耗、生产计划、文明生产七个方面,对员工进行检查,并由巡检员进行检查并填入日清栏且记入3E卡。

其次,对于职能部门一方面应针对七项目进行九要素控制,另一方面对职能部门工作人员按责任项目分类日清并填入管理人员日清表,且记入管理人员3E卡。3E卡考核标准如表1-7所示。

表1-7　3E卡考核标准

项　目	标　准
生产计划考核标准	1. 因外部因素造成欠产,无代价加班完成计划 2. 因本人原因造成班组或车间加班10分钟以内,兑现-10元,10分钟以上或分厂加班5分钟以上,当日工资否决,属于不可抗力除外
质量指标考核标准	1. 当日产生的不良品按质检处公布的不良品价格兑现,月底由技术科将本工位质量指标统一兑现 2. 价值券以当日质检处公布的价值为依据 3. 不良品处理过程中所产生的责任价值"不良品管理"程序规定执行 4. 其他列入考核的单项缺陷责任价值按出厂价兑现
工艺纪律考核标准	1. 无证上岗兑现-50元 2. 未按工艺要求作业兑现-20元 3. 未按工艺要求做记录或记录不及时、不规范,兑现-20元 4. 自、互检内容及标准不明确兑现-10元
设备考核标准	1. 例行日检工作未完成兑现-5元 2. 润管工作未完成兑现-5元 3. 未按要求做记录或记录不及时、不规范兑现-5元 4. 违反设备操作规程兑现-50元 5. 无证上岗操作设备兑现-100元 6. 违反其他规定按相应规定处理
物耗考核标准	1. 废品按零部件计划价的10%兑现 2. 超标按零部件计划价的15%兑现 3. 节约按零部件计划价的5%奖励 4. 未准确及时作出点数并上报兑现-10元 5. 未提前12小时作出缺料报警兑现-300元
文明生产考核标准	1. 区域内各物件包括材料、器具等未放到规定位置或标志不清及卡物不符兑现-2元 2. 迟到兑现-2元,早退按旷工处理,并否决当日工资 3. 工作区域卫生不合标准兑现-2元 4. 病、事假手续不全,否决当日工资 5. 工作期间扎堆或串位说笑兑现-2元 6. 其他按相应规定执行

续上表

项　目	标　准
安全考核标准	1. 违章作业兑现-10 元 2. 未掌握安全操作规程上岗作业兑现-10 元 3. 对不安全因素未及时做出有效处理兑现-20 元 4. 安全标志弄掉或模糊不清、残缺不全-10 元 5. 衣着不整或未穿工作服兑现-2 元

2. 现场管理日清表

(1)各级管理人员班后清理时填写。

(2)主要是对受控状况进行清理和分析。

(3)及时找出原因、责任人和整改措施。

现场管理日清表说明如下。

(1)此表是现场一级大表,应挂在车间醒目的地方。

(2)将实际情况记录在案,并公布于众。

(3)有价值的动态资料可存档备查。

(4)真正起到现场控制和监督的作用。

第五节 GE:活力曲线残忍又有效

一、百年老店 GE,人才依然济济的理念

GE 是一家百年老店,杰克·韦尔奇是该公司最杰出的 CEO,在他的管理下,将 GE 销售额由 250 亿美元快速提高至 1 110 亿美元,营业额从 15 亿美元提高至 107 亿美元,让 GE 频繁登上全美最受推崇公司的宝座。

杰克·韦尔奇曾表示,最重要的工作并非将最差的员工改变为合格的员工,而是将合格的员工变为最好的。GE 之所以能够连续二十余年保持快速增长,这与杰克·韦尔奇的独特用人理念具有密切联系。

杰克·韦尔奇的三大用人理念。

(1)寻找杰出的管理人员,给予其充分的资源与权利,并为其提供充分

的空间去发挥。

(2)培养并奖励最优秀的员工,给予其难以想象的薪资,让其为自己经营企业。

(3)对于不合格的管理人员要当机立断地舍弃,他们应该去可以施展其才华的公司。

GE拥有知名的"GE活力曲线",简单来说就是将业绩作为横轴,将实现业绩目标的员工人数作为纵轴,制作一张正态分布图,这就是杰克·韦尔奇采用的经典管理工具——活力曲线。

杰克·韦尔奇表示,领导者的工作是负责吸引全球最杰出的人才并留在自己的企业中,要热爱员工、激励员工,以此作为基础,提出活力曲线的理念。

这一理念从本质上来讲,就是末位淘汰,把全体员工划分成不同的类别,对其进行严格的差异化对待,这种方式被称作为GE带来活力的一大法宝。

二、活力曲线法则

活力曲线也被称为末位淘汰制或者10%淘汰率法则,指的是利用竞争淘汰的方式,充分发挥员工的能力,该理念的提出者是GE公司前CEO杰克·韦尔奇,这一理念被称为给GE带来无限活力的一大法宝。

将业绩作为横轴(从左到右呈递减状态),将实现业绩目标的员工人数作为纵轴(由下向上呈递增状态),制作一张正态分布图,通过这张图能够直观地了解业绩排名前20%的员工,即A类员工,业绩排名位于中间70%的员工为B类员工,剩余的员工排名在最后10%,即为C类员工。如图1-7所示。

三类员工的特点如下。

1. A类员工

A类是满怀理想与热爱、思维开阔、具有长远眼光的员工,其不但自身充满活力,而且可以将正能量传递给身边的人,进而提升了企业生产效率。

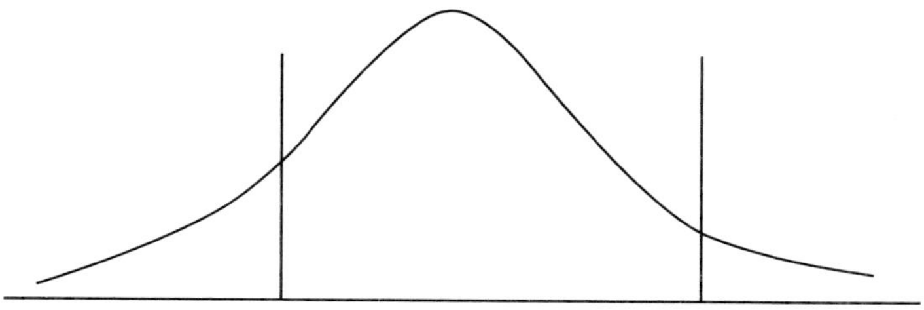

图 1-7 活力曲线示意图

是否具备这种活力，是 A 类员工与 B 类员工之间最大的差异。

2. B 类员工

针对 B 类员工，公司投入大量精力用于提升其能力，部门管理人员的主要工作是培养 B 类员工，使其提升至 A 类，不但要在工作中勤勤恳恳，同时也能够发挥自身价值，也就是绩效管理的作用。

3. C 类员工

C 类员工无法胜任本职工作，而且对他人更多的是带来打击，而非鼓励，是将目标破灭，而非努力实现，作为企业管理者，无须在其身上耗费时间与精力。

开除每年排名最后 10% 的员工，这一方法使企业注入了巨大的活力。杰克·韦尔奇在职的 20 年内，将该公司的市值提升至 4 500 亿美元，上涨幅度高达 30 倍之多，在全球的排名由第十位提高至第二位。

三、GE 如何使用活力曲线

1. 让员工具有“终身就业能力”

GE 将所有员工划分成三种，第一种是明星员工，在全体员工中占比达到 20%，对于此类员工运用加薪、加心、加信的鼓励政策；第二种是活力员工，在员工总人数中占比约为 70%，对此类员工的要求是努力、努力再努力；而剩下的 10% 员工则是第三种，落后员工，他们所面对的是裁员、裁员再裁员。

杰克·韦尔奇表示企业不能向员工承诺为其提供终身就业，而是要让其通过自身努力获取终身就业的能力。

2. 末位淘汰法则

GE公司每年都会对各个事业单位的管理者考核评分，根据其绩效表现，将其划分出A、B、C三种等级。

A类是满怀理想与热爱、思维开阔、具有长远眼光的员工，其不但自身充满活力，而且可以将正能量传递给身边的人，进而提升了企业生产效率，是否具备这种活力，是A类员工与B类员工之间最大的差异。A类在事业单位中是排名在前20%的员工。

针对B类员工，公司投入大量精力用于提升其能力，部门管理人员的主要工作是培养B类员工，使其提升至A类，B类员工不但要在工作中勤勤恳恳，同时也能够发挥自身价值，B类是处于中间70%的员工。

C类是排名在最后10%的员工，他们无法胜任本职工作，而且其对他人更多的是带来打击，而非鼓励，是将目标破灭，而非努力实现，作为企业管理者，无须在其身上耗费时间与精力。

A类员工的薪资是B类员工的2~3倍，而C类员工将面临解聘的危机，活力曲线是每一年进行动态分析的机制，从而保障企业具有发展驱动力。假如企业的负责人没有以此为标准对员工进行差异化区分，那么负责人将被划分到C类。

活力曲线成立需要两个条件。

(1)需要奖励制度。

活力曲线是通过奖励机制作为支撑的，A类员工能够获得部分股权与公司分红，失去A类员工是公司的损失，要对他们极具热爱之情，若有A类员工离职，要找到该员工的管理责任人，必须让其进行检讨，寻求原因。

(2)永远在循环的后10%。

依照管理的本质而言，杰克·韦尔奇活力曲线就是抓两头放中间，简而言之就是重点关注先进员工与落后员工，以此来提高中间员工的工作积极性。

HR 做管理时,应该每月让表现优异的员工介绍其成功经验,不仅如此,要让部分表现较差的员工也介绍其失败的经历,通过这种方式激励更多的员工学习先进,让大家的工作能力得以提升。

| 第二章 |

打一场降本增效的战役

第一节　实现盈利性增长，成本削减是一个途径

当企业家开始盘点自身企业的时候，有没有发现以下问题。

(1)加班没日没夜，每天工作时间都超长，但是产出和结果不如预期。

(2)时常进行“救火”工作，不知道哪里哪些人会犯一些错误要补救。

(3)压力和疲惫不仅影响工作心情，也影响到了健康状况。

(4)大量的时间、金钱、资源都浪费掉了，业绩起色并不大。

(5)公司项目很多，但是大部分都在拖沓，没有很快地完成。

(6)一件事情扯皮多次，浪费资源很大，成效甚微。

(7)发起一个新项目的时候，会牵扯到很多部门，并且各个部门都有各自的意见。

(8)公司计划很多，总是在更改，等到最后一版的时候，已经面目全非。

(9)“我们的文化就是这样，不适合，你可以离开！”总能听到管理者说出这样的话。

(10)团队精神成为了一句标语。

(11)员工电脑前贴满了便签，上面写着诸多的待办事项，但还是有很多新任务安排下来。

(12)员工考勤虽然迟到早退很少，但是病假事假很多。

如果企业里有以上两条特征，那就意味着组织在运营过程中，有着或大

或小的浪费，如果超过十条，你可能在一个巨大浪费的组织中。

很多企业会关注财务报表上的数字，根据具体项目的高低来判断哪些是浪费，哪些应该节省。其实隐含在数据背后的信息才更可怕，因为数据之后是各个企业在商业领域的经营之道。

“降本”在企业管理中是一个较为宽泛的概念，不同部门对成本的理解并不一样，生产部门认为成本是设备，采购部门认为成本是原材料，人力资源部门认为成本是员工工资，如果单纯地这样理解，企业的降本就会失去应有的内涵。降本的“本”不仅包括企业在生产经营过程中涉及的所有经济活动经费的降低，同时还包括通过各种途径使经营效率、效果、损耗以及综合利用率方面带来收益，最终使企业增效增收。所以“降本”不是忽视生产、产品、服务、人才的质量，降本增效的最终目的，是建立起长远的成本优势，为企业提供持久的企业竞争优势，在降低成本的同时保证其产品质量，转变以往的经济增长方式。

这也是企业盈利的一般模式：开源创效，策划节流。通俗地说就是开辟更多的赚钱渠道，对于浪费的开销进行有节制地控制，以达到提高经济效益的目的。对于企业来说，“开源”就是增收——开辟增加收入的途径；“节流”就是节支——节省不必要的资源消耗与费用支出，如图 2-1 所示。

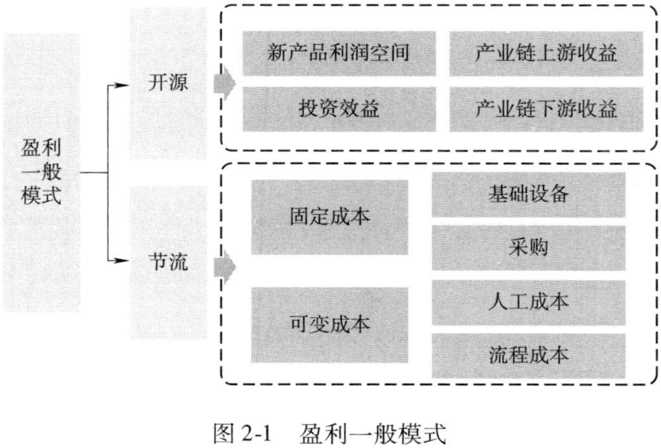

图 2-1 盈利一般模式

在当代世界里，什么在制约企业的业绩持续增长？面对不确定的大环境有什么样的逆势增长方案？如何不断地提升客户价值？数字化技术能否是救命稻草？并购与收购是否能帮企业度过资本寒冬？

实干的企业家们一边问着这些问题，一边正在尝试用新方法、新思维扭转业绩疲软的颓势，有些企业数字化战略转型，有些企业资源重组，有些企业运用组织发展做深入变革，有些企业抛离一些资产以期存活避免破产。

但是无论是改变趋缓的收入增速还是面临生存的窘境，全球各行各业已经不约而同地意识到，要想实现盈利性增长，一个必然的途径就是成本削减。

第二节　识别降本增效的五大陷阱

现在，很多企业都在不确定的当下准备了一个成本削减计划，可是当仔细评估这些计划的时候，就会发现对自身的组织有着严重的破坏性。

这些破坏性表现在顾此失彼、秋后算账、过于依赖财务、没有品质坚持、忽视供方利益、追求表面时髦等方面，它会削弱成本降低的效果，甚至将成本降低带入误区。在大环境中，人工、原材料、能源等生产要素的增幅大于企业生产效率的提升，使企业经营越来越困难，因而引起了成本增加。不断进行成本降低的途径无疑是企业自救的一个可控方式，但是并没有解决商业模式的本质，因此必须引起我们的警惕，不让企业在降低成本的过程中，走入误区当中。

一、顾此失彼：片面削减成本会失去企业经营核心壁垒

一提到成本，管理者都会自然而然地理解为企业的支出项目，成本与支出是两个不同的概念。所谓成本，是企业希望得到某种回报的那部分费用，这也正是企业的损益表中为什么会有“主营业务成本”这一项的原因。凡是企业生产出的产品，都是要进行销售的。而支出指的是其他费用，这就向我们解释了为什么工人的工资算是企业的成本，而销售和行政人员的工资则被算作是企业的支出。还有人认为成本就是原材料，买生产资料的过程，把降成本局限于生产活动过程，置其他成本于不顾。其实，生产成本只是总

成本的一部分,虽然这部分所占比例很大,但是技术研发、市场营销、消费者服务等领域的成本分析也应受到重视。

因为片面的认知,过度地削减某一个单独项目,会降低产品的质量、失去核心客户和供应商,并且会向高层传递错误的决策信息。当非常苛刻地控制费用支出的时候,会导致公司舞弊增加。因此,在重视降低生产成本的同时,要从整个供应链角度去寻找成本降低的途径。否则,过于局限于某一个成本项目,不但效果不够显著,有时会物极必反。

二、东施效颦:仿照大企业进行机构改革从而失去人心

很多管理者,将降本增效的方案偷换概念,削减组织架构、人工成本、奖金福利,并以此作为“大刀阔斧”“壮士断腕”改革魄力的标志。

的确有很多大型企业在做这样的决定,会大规模地进行裁员。这个是结构性裁员,结构性裁员大多是因企业管理结构或者产品结构变化而带来的裁员,这种情况下一般与企业经营状况无关,只是企业出于改革内部结构的目的进行的裁员,使新的企业结构更为合理,这种结构性裁员方式,往往都是有利于企业长远发展的,而很多企业纷纷进行效仿,开展“人才盘点”项目,用“刀耕火种”的方法减少员工编制和部分组织机构。当裁员致使企业失去那些有经验员工的时候,这种成本是巨大的。当经济开始复苏的时候,要花费更多的成本去寻找新员工。所以,企业应该以员工价值作为本质进行人员优化,组织裁撤。

奖金和福利的大幅度削减也是对人心的一种强烈伤害,应该慎重处理。用人成本,不是从企业给付工资的高低来判断成本大小的,而是以员工为企业贡献的价值大小来判断。

三、盲人摸象:缺乏动态、全面分析成本的视角与规划

很多企业为了管理成本,部署了自动化软件,但是在统计过程中发现很多是错误的数据,系统运行使用并没有直接减少人工,程序和工程依然需要人力的更多支持,在展现数据的时候,也会因为这些人为操作而产生过多数

据,并隐藏在真相之下。所以,企业除在某一时点进行成本行为分析之外,还必须考虑价值活动的绝对成本和相对成本随时间变化的情形。有的改善措施在某个时间点对成本下降效果明显,但随着时间推移,效果呈现了快速衰减的现象,如有的企业为了增加生产效率而让设备超过设计速度运转,结果造成设备提前劣化直至报废。

企业可通过动态分析成本,预测价值活动的成本驱动因素可能发生的变化,并迅速采取相应的行动使自己处于成本优势的地位,保证成本优势的持久性,防止竞争者模仿。受到降低成本多种因素的共同作用,产品规模、优势的系统性、专有技术成本比其他成本驱动因素更具有持久性。通过多个价值链环节的相互作用而取得的竞争优势,可以使竞争者难以模仿,使企业保持持久的成本优势,因此,判断成本降低的效果不能仅局限于某个时间节点。

四、鼠目寸光:短效眼光看待削减措施所创造的企业成本优势

现在,追逐资本市场最佳表现的企业越来越多,为了使投资者满意,许多企业的首席执行官(CEO)和首席财务官(CFO)等企业管理者为了迎合眼前业绩指标的需要而采取短期行为,有时会要求各部门负责人削减成本以实现利润指标。这的确能在短期内降低成本,但不持久,被削减的开支通常在次年就会恢复。

对于企业而言,在较短的时间内削减某项开支而不影响运营并非难事。因此,像市场营销、维修保养、人员培训这样的开支往往会首当其冲成为牺牲品。但如果企业不能为这些被削减的资源找到有效的替代措施,其长期的经营业绩将受到影响。结果,企业为了重新获得失去的资源,必定会将支出恢复到以往水平。这种短期的成本削减行为就可能迅速地破坏品牌形象,损害消费体验,并导致其他无法挽回的后果。

五、事无巨细:企业控制一切投入就能取得效益的稳步增长

企业在成本上吃了亏,但是不清楚问题点在哪里,所以决定进行“全面

管理”,过去单一的业绩考核变成了各种分门别类的指标体系考核。在越来越“全面”的考核下,绝大多数被考核的人根本就数不过来自己背负了多少个事关工资奖惩和升迁与否的指标。每个职能部门都追求全面,把提炼出来的工作变成了考核指标。如果有5个部门,每个部门有5条考核指标,下级就有了25条考核指标。下级部门再细化一些要求,每个员工身上可能就背负了几十条,甚至还包括离开会议室要关灯等可笑的所谓的“绩效指标”。

上级下发一个工作要点,职能部门全面复制粘贴,改个主语和宾语,就变成了下一级单位的工作要点,这种情况很常见。

实际上,企业想要保证竞争优势的持久性,防止竞争者模仿,取决于竞争优势的来源和数量。企业规模、专有技术、业界相互关系、学习能力比其他降低成本的措施更具有持久性。尤其对于中小企业而言,只有增加技术上的投入,突出专有技术,实现企业的特色化,学习借鉴其他企业的成功经验,才能使企业取得长期的竞争优势。

第三节 浪费的解决方案:降本增效的3板斧

一、用成本削减模型建立一个零浪费系统

识别了浪费,避开了误区,要重新思考一下解决方案。降本增效的方案应该建立在5个认知的基础上。

(1)了解供求关系,掌握供求规律。

(2)多任务、多项目的控制能力。

(3)每一个方案运行一段后都要复盘,进行新方案优化。

(4)从价值的角度评估工作,评估成本。

(5)成本蕴含在诸多方面,越是看不出来的成本,浪费越巨大。

在这5个认知的基础上,就会发现,为了避免盲目的成本项目造成企业资源的损失,应该进行一场深层的成本分析。日本企业所擅长采用的目标

成本法就是典型的例子。基于市场对售价的预期确定目标成本,按照产品的组成结构以及供应链上各种作业活动,对目标成本进行分摊来实现设定的目标成本。

成本分析分为以下几个步骤:分解成本要素、核算成本数据、建立成本模型和修正成本模型。

1. 分解成本要素

比如应用总拥有成本TCO(total cost of ownership),这是一种公司经常采用的技术评价标准,它的核心思想是在一定时间范围内所拥有的包括置业成本(acquisition cost)和每年总成本在内的总体成本。在某些情况下,这一总体成本是一个为获得可比较的现行开支而对3年~5年时间范围内的成本进行平均的值。在总拥有成本TCO的概念里,成本要素应当包括以下几部分。

(1)采购价格:购买材料的价格。

(2)取得成本:从购买地到使用地的费用,如寻源、运费、存储费等。

(3)使用成本:机会成本、安装使用成本、耗材维护成本等。

(4)寿命末期成本:处理成本、残值、项目费、库存损耗、模具报废等。

(5)应该对以上每一项成本逐一分解,明确采购项目的所有成本要素。

2. 核算成本数据

进行成本核算,首先审核生产经营管理费用,看其是否发生,是否应当发生,已发生的是否应当计入产品成本,实现对生产经营管理费用和产品成本的直接管理和控制。其次对已发生的费用按照用途进行分配和归集,计算各种产品的总成本和单位成本,为成本管理提供真实的成本资料。

3. 建立成本模型

建立成本模型是指在一定的环境和条件下,通过对成本项目的细化分析及成本影响动因的确定,结合实际设定细化的成本基准模型。有了基础模型以后,我们就很容易地根据其中某项所知的成本推算其他部分的成本数据。例如,我们往往可以通过拆解某个产品而推算其直接材料成本,再根据其在成本结构中的比例来推算其余成本要素的数值。

4. 修正成本模型

基础模型仅仅只是一个开始，随着对行业、品类、供应商了解的加深，随着环境、市场的变化，需要在未来长期的时间里不断对模型进行修正调整，以使之更加贴近并反映实际情况。

掌握模型可以提高推理、解释、设计、沟通、行动、预测和探索能力，模型的建立能生成智慧，要想分析数据、制定业务发展策略、分配资源、设计产品、降本增效等，就应当应用模型思维，它能够实现对成本丰富且细致入微的理解。

虽然有不同的模型，但是作为一般性的模型，有三大特征：第一，是简化的，剥离不必要的具体项目，抽取出主要因素；第二，形式化和表象化，每一个维度给出具体定义，通过看图识文就能理解模型内容；第三，条件性，模型都有一定的条件，受到外部条件干扰也会有一定变化。

基于此，提出降本增效分析一般模型，即为 3 板斧 7 要务。通过模型的思维方式，更好地理解复杂的成本现象，更好地推理内部原因，将会在业务竞争、精益管理、成本效率和员工激励等方面与竞争对手缩小差距，做出更加合理的决策，如图 2-2 所示。

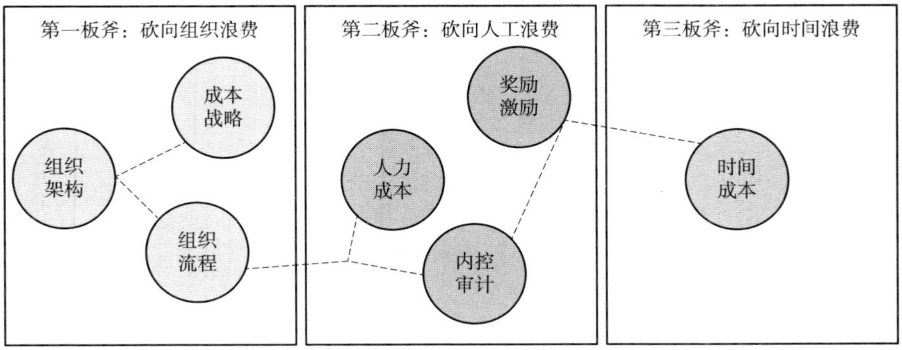

图 2-2 降本增效分析 3 板斧 7 要务

目前的企业发展基本上沿袭着以大量消耗资源能源和粗放经营为特征的传统发展模式，其核心问题是企业实行高投入、高消耗、低质量、低效益的粗放型经济增长方式，对资源管理不善，造成企业经营管理出现浪费的现象。企业要想转变传统经营方式必须把节约提升到战略的高度，应用综合型的降本增效模型构建企业零浪费系统。所以模型包含组织、人工、时间 3 大部分，具体行动计划可以分为成本战略、组织架构、组织流程、人力成本、内控审计、奖励激励和时间成本 7 要务。

二、第一板斧：砍向企业组织运营浪费

当下，许多企业开始迫切寻找新型组织形态，以代替逐渐固化的科层式架构，希望提升组织效能，释放更多组织潜能。在构建组织架构时，如何紧扣模式、成本和人才三大核心指标来创造新的组织运营模式，一方面降本增效，另一个获取战略优势，成为很多企业主要面对的问题。

其实，每家企业都应该大致画出一张下面这样的关键职能图，用以定义组织的核心价值创造流程和关键组织运营目标，如图 2-3 所示。

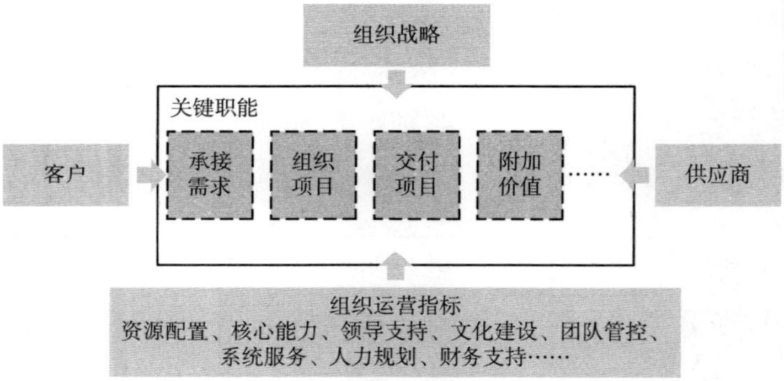

图 2-3 关键职能识别图

每家企业对关键组织职能的定义应该有所不同，但这正是业务职能结果产出的最核心价值。一切组织设计都应该以一张清晰的关键职能识别图为基础，否则组织设计会“应有尽有”，运营也会失去聚焦，浪费掉大量的资源。

成本与价值变化进而产生了不同组织，在企业组建开始，完全由核心团队组成，此时分不清股东、经理人、中层甚至员工。当企业稍微成长一些，就分出了业务线条，各领一个团队。当企业再大一些，核心团队和股东之间就

有博弈,曾经的很多管控项目需求都在此时应运而生,企业治理结构就出现整合、分裂、再整合、再分配的过程。当一个企业的内部组织架构频繁地变动时,也预示着企业处在战略调整和业务快速发展时期。组织架构的变革必然引起人员的重组和资源的再分配,如图 2-4 所示。

图 2-4　成本与价值变化而产生了不同组织

所以,第一板斧要砍向组织运营,把关键职能筛选出来,去掉多余的职能,让组织飞速地运作起来,才能有效支持业务发展。

三、第二板斧:砍向企业人力运营浪费

很多大中型企业的高层发现了一个共同的痛点,就是人力成本越来越高,利润空间越来越被挤压。很多企业迫切地想从人效入手,调整人员来提升组织总体效率。

但是大家深知人力资源体系的建设和科学管理的系统性,很多已经逐渐搭建完成比较规范的岗位、薪酬、绩效、培训、能力模型、领导力发展体系。然而这些体系的副作用却成为了企业的负担,使人才管理运作变得更加笨重、复杂,对于业务结果的影响却非常薄弱,甚至很多情况下人力资源部门和业务部门"鸡同鸭讲",更谈不上对业务结果的达成形成有效的驱动。

人力资源的问题不仅在于员工给付工资过高,引起人工成本过高的问题。一个人在一个基础岗位上,长时间不升迁不进步,也是一种人才浪费。

所以第二板斧要砍向人力资源。

砍掉的第一原则是要人力运营紧扣业务战略，协调一致运作，共同实现企业的核心战略目标。企业需要用一条组织战略主线贯穿业务和人力运营策略的始终，基于人力资源效能目标来规划人力决策和投资管理的优先级。

砍掉的第二原则是要厘清人力运营效能目标，有些企业认为销售团队的有效性，比如团队稳定、销售人员能力建设、足够的培训发展、激励等至关重要，那么人力运营效能指标可以从这里筛选出来，而其他相关内容就要逐步清除。还有一些研发驱动创新的企业，对于研发和市场推广团队的有效性，关键人才配置、激励和培养，团队合作和交流，团队人员稳定等非常重视，那么砍掉的人力资源部分就是与这些并不相关的内容。

砍掉的第三原则是要有关键人力资源策略，关键人力资源策略实施之前，要清楚回答几个问题，如表2-1所示。

表2-1　关键人力资源策略需要回答的问题

问　题	问题的实质
在最关键的业务流程上，哪些是关键岗位，我们需要什么样的人	关键岗位定义和能力要素
这些人才从哪里获得	人才供应链建设
我们需要激励他们什么样的行为才能促成结果的达成	激励机制
组织后方需要给他们什么样的支持	人才发展选育用留的机制建设
什么样的组织氛围/文化建设才能吸引这样的人才加入并紧紧凝聚他们	企业文化管理

企业若想在竞争中取胜，需要在人力资源方面得到及时有力的支持。人力资源管理者应该转变观念，用策略性的思维与规划进行人员管理工作。这个时候关注人力成本的角度不仅是控制人均成本，还要结合支付效率的角度（如每一元薪酬成本投入带来的收益比）时，才能体现人才投资策略和效果，从而验证人力投资是否正面驱动了收益回报。当我们在一个与市场持平的付薪水平上带来高回报率时，也意味着我们用同样的人力投资基数撬动了更大的收益比。

比如，很多企业在招聘的时候，会看招聘了多少人，多少人留存，多少人离职，这样简单的统计，到了人才策略思维这里，就要从成本和输出的角度来看，衡量招聘流程的成本效率包括以下维度，如表 2-2 所示。

表 2-2 衡量招聘流程的成本效率维度

每 10 000 元营业收入所支出的招聘成本
全员人均招聘成本
新员工人均招聘成本

输出的指标会以每位员工支持的招聘量或者支持的员工数来衡量。以下是招聘流程输出效率的衡量角度举例，如表 2-3 所示。

表 2-3 招聘流程输出效率维度

每位招聘员工支持业务单位员工数
每位招聘员工支持新员工数
每 1 亿元营业收入配置的招聘员工数量

对于一些较大的企业，招聘量较大的时候，还需要对招聘流程进行衡量，与过程或完成周期相关的衡量指标如表 2-4 所示。

表 2-4 招聘过程或完成周期相关衡量指标

从招聘需求提交到批准周期
从岗位发布到 offer 被接受
从 offer 被接受到人员上岗
offer 接受比例
内部推荐的招聘比例
内部培养的比例
新入职员工比例

因此，砍掉人力资源运营成本的策略，不仅仅是识别成本浪费的地方，对这些地方进行优化，更是强化关键职能和效率所在。企业在控制人力资源成本的时候，往往最有效的方法就是对人力资源流程进行分析和梳理，并精减工作内容，量化输出效率，从而达到人员配置的最优化。

四、第三板斧：砍向企业时间成本浪费

大家一提到企业成本管理，马上想到原材料的购买、产品生产过程、人工花费、各种管理费用等显而易见的层面上，而忽视的是时间成本，甚至在一些成熟的企业，时间成本管理都很少纳入成本管理措施里面。

规模化经营的时代已经逐渐远去，建一座大型的厂矿就能获得相应利润的时代也开始出现变化。与时间赛跑，在有限的时间内尽可能多地创造价值，追求利润最大化，变得尤为重要。企业资源可以得到满足，时间却是有限的，每增加一分钟的等待滞留时间，就意味着均摊了企业的总成本。所以，看不到时间资源重要性的成本管理者是不称职的。

现在，问到员工如何进行时间成本管理的时候，大家最直接的感受是各种会议：早会、绩效沟通会、营销例会、项目总结会、经验分享会、大型招商会、新品发布会、企业年会、综合协调会议、部门例会、专项整治会……现实操作中，会议往往是时间成本的大敌。很多时候，好多会议都是在用文件彼此折磨。企业生存的前提是盈利，提高企业利润的方法多种多样，在成本管理这里，一方面砍掉不合适的方面，另一方面就是提高工作效率。正所谓时间就是生命，效率就是金钱，任何人、任何团队想要在自己的领域中提高效率，最实用的方法就是从基本会议沟通开始，把时间管理提到全面管理日程上来。

时间管理的重要性不言而喻，很多人认为不好实施，其实时间管理的本质就是一种行为习惯，并没有什么高超的技巧，关键在于持之以恒。首先将时间进行分段和分类，比如作为管理者，应当分三个方面来安排每天的时间：计划时间、交流沟通的时间和独处的时间。

前面两个时间段很好理解，独处的时间主要是用来安静地工作，以及学习思考和积淀，这个时间段每天都必须要有，这段时间不允许旁人打扰。建议独处的时间放在早上，因为这时人的精力最好。很多公司都利用早晨来开会，布置任务，这也无可厚非。在这之后，可以安排交流沟通的时间，组织一些小型会议或者集中处理下属的事情。下午则可以安排做些计划内的事

情。因此,管理者在布置任务时,应注意时间管理,不要给一项工作安排太多的时间。人们一般都喜欢有个宽限期,但这就造成了大量时间的浪费。其实,集中时间把任务完成,将原本浪费的时间放在别的任务甚至是休息上,则是一种更合理的安排。

美国著名管理学家科维提出的一个时间管理的理论:时间"四象限"法,把工作按照重要和紧急两个不同的程度进行了划分,基本上可以分为四个"象限":既紧急又重要、重要但不紧急、紧急但不重要、既不紧急也不重要。

按处理顺序划分:先是既紧急又重要的,接着是重要但不紧急的,再到紧急但不重要的,最后才是既不紧急也不重要的。"四象限"法的关键在于第二类和第三类的顺序问题,必须小心区分。另外,也要注意划分好第一类和第三类事项,都是紧急的,分别就在于前者能带来价值,实现某种重要目标,而后者不能,如图 2-5 所示。

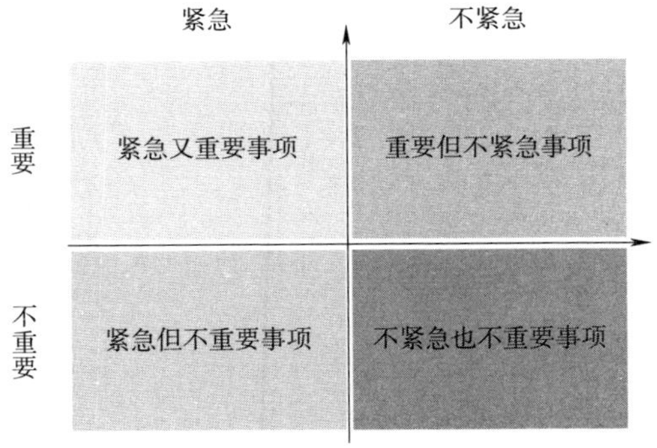

图 2-5 四象限模型

在时间面前,一切管理都是时间的管理,一切竞争都是时间的竞争。所有的工具方法或者科技手段,都是在提高效率。时间是不可再生资源,是所有企业的第一成本,管理者应当有计划地利用时间以提高效率。但凡成功者都吝啬于时间而非金钱,都对价值而不是价格敏感。

图 2-5 是时间管理模型,也是一个普通人和高效能人士时间安排的比较图。高效能人士会把 65%~80% 的时间安排在重要但不紧急的工作,由

于他们把大部分工作都提前统筹和规划好了,其余象限的工作自然而然就减少了。

很多人对于时间管理并不能好好地规划,也没有主动的意识,即使企业强烈号召,影响也不大,自己还是一种应付和懒散的状态。其实一方面是员工本身的问题,还有一个方面是时间管理的背后,不仅仅是到哪个时间做哪件事情,更是一种价值管理和驱动管理,如图2-6所示。

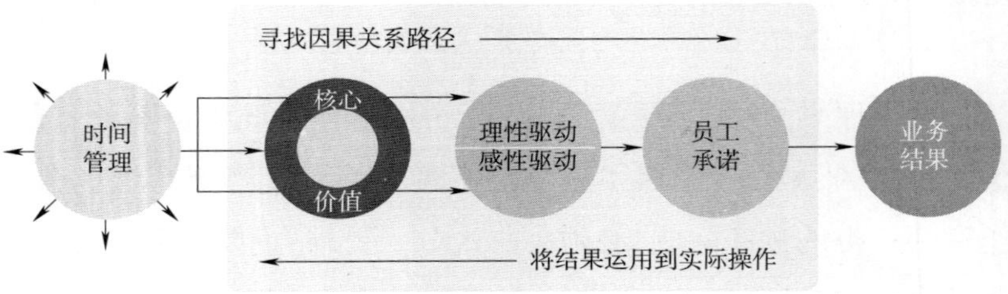

图2-6 时间管理的背后

从时间管理的因果关系路径中可知,价值的实现是员工的直接驱动,所以员工能够在一定时间内进行承诺;员工承诺的高低会直接影响他们日常工作中的行为,从而影响工作产出效率,也就是业务结果。

时间管理也是一个系统性的干预过程,帮助企业解决提升管理成熟度以及遇到的问题。一种商业模式可以帮助企业营业额暴增,一个专业团队可以帮助企业解决执行落地难的问题,而一个综合地砍掉组织、人力和时间成本的管理系统,则会提高工作效率,全面降低成本,实现降本增效。

第四节 降本增效的14项合理化建议

一、用耳熟能详的标语口号固化成本观念

观念和管理模式,是实现降本增效的根本保证。只有从高层到基层的全体员工拥有成本管理理念和节约意识,才能全面实现降本增效,但是如果只是开会强调,强行让大家节约,并且严格进行成本考核,让大家被动接受,

很难形成习惯。因此可以用一些耳熟能详的标语和口号固化成本的观念。

(1)节能耗、降成本、促建设、争亿吨。

(2)浪费不以量小而为之,节约不以微小而不为。

(3)浪费山也空,节约河成海。

(4)节约一滴水,滋润一方土;节约一度电,照亮一片天。

(5)管理粗放、现金流淌,不精不细、效益流失。

(6)勤俭节约为荣,铺张浪费可耻。

这些都可以张贴在公司墙上,在开会时强调。还有一些其他的标语口号,比如,“杜绝长流水、长明灯、长跑气”“消除跑、冒、滴、漏”,更形象的句子,此处不再赘述。

二、企业投资等重大决策,成本大局影响举足轻重

投资等重大决策不仅决定成本的大局,也决定着企业发展的大局。很多企业在投资阶段常常只考虑到如何以最快、最经济的方式来完成项目投资,使项目投资能尽快产生效益获得回报,收回投资。当然这是投资决策中一个十分重要的问题,值得给予充分重视,但忽视了另一个很重要的问题,即投资决策将形成今后产品运作中成本的总框架,也就是成本为此而形成不太好修改的格局。主要体现在如下方面。

(1)投资总额。一般分摊到每一年度,总额越大,财务费用、融资成本越高,成本当然越大,这是普遍的正比例关系。

(2)融资渠道。无论采用什么方法获得资金都要花费成本,都要在今后经营中加以偿还,这也是投资决策中必然面对的成本问题。

(3)经营规模。这需要一个盈亏平衡分析的过程,也是决定成本的关键,规模大可以使今后平均经营成本降低,但投资大,市场需求风险变大,给企业今后经营造成成本压力,这个问题在成本分析中需要全面体现。

(4)资源能力配置。很多经营者把“肥水不流外人田”,作为资源能力的主要方法,而很少考虑通过组织联盟,建立协作网络配合资源变现,应该注意到由于资源能力闲置造成成本高居不下的主要原因。

(5)市场产品周期。科技进步速度很快,市场产品生命周期越来越短,投资方式更是变化很大,减少固定投资,利用协作网络形成了发展方向,但这样给成本控制带来了挑战。

(6)投资环境。投资环境包括地域、风俗、原料供应、政策环境影响等。企业要做到不图一时一事的优惠,计及长远考虑,才能使成本得以控制。

三、用专项活动整治本耗问题

对于很多企业经营面临的严峻形势,企业需要恪守“以质量求生存,以服务求发展”的经营理念,铸造“精品工程专项活动”,落实岗位职责,并实行跟踪管理,一般发起一些专项活动。比如一家企业通过“十个共性问题整治”让所有部门进行联动,技术中心、综合管理部、工程管理中心、人力资源部、安全环保监督部等分别针对成本系统共性问题整治情况及取得的成效进行详细计划,并对存在的相关问题和情况进行针对性工作,同时明确了下一阶段的重点职责。各业务系统通过制度修订、流程细化、现场推进、线上跟踪、材料上报等方式全力落实问题整治工作。制定、修订管理办法,指定问题整治责任人,推行各项问题整治落实。严格的质量管理与自身效益的紧密关联能够促使每个部门与每名员工都牢牢树立起“保质保量”的意识。

四、普及线上即时办公,发挥点滴碎片时间价值

实行线上即时办公系统已经是必然趋势,通过线上办公系统、远程视频会议办公等方式,保障企业管理标准实施和提高办公效率,降低办公成本,降低各个部门对工作计划书、考核表、巡检单、报告单、异常单的纸张需求,减少打印设备和打印耗材的使用,同时也解决了纸质文件存储难、搬运烦的问题。另一方面,实行线上即时办公系统减少了人力的耗损,减少了废余公文的流转时间,提高了工作效率。

五、快速反应解决一线职员异常,第一时间反馈客户信息

可以结合PDCA理念,推行一线快速反馈机制,实行客户需求管理,换

位思考,管理者主动服务。坚持深入一线员工,提前介入指导,吸取创新举措,共同破解难题,做到服务在一线、指导在基层,加快推进项目、改善一线员工申请进度。全面落实“马上就办”,一线员工的合理需求实行当日受理、当日办结,实施全流程服务,因为一线员工直接接触客户,一个较好的控制手段能让成本在源头减少到最少,明确并控制成本费用,确保下一流程的正常进行,从而降低内部价值损失。

六、用“精益管理”做好预防管理

尽管许多企业懂得预防管理的重要性,但在具体行动上很容易走偏,甚至背道而驰,不仅执念于事后管理,在管理实践中,人们往往习惯于花时间应付层出不穷的问题。采用“精益生产”理念,做好现场工作的统计、编录和管理,可查找、有记录、有点检、有监督和统一化管理,明确每一项工作的状态。优秀者在“灭火大赛”中脱颖而出,而防微杜渐的事情却少有人关注,这应该是企业降本增效管理的重点。

七、制度作为降本增效保障

一谈到降本增效,很多人就讲人走灯灭、空调晚开早关、节约用水、节约用纸等,这些都是降本的措施,要真正做到降本增效,就务必抓住人力资源、流程、制度等关键环节。制度在企业管理中占有十分重要的位置,所谓没有规矩不成方圆,在企业内部实行规范化管理是极其重要的,规范化管理是一个企业走向现代化、制度化的标志。它不仅能够提高员工素质和忠诚度,规范化管理还能够使企业各部门规范化工作,使各部门之间立足本职,紧密配合,倡导树立一家人思想。制度是企业发展的关键因素,要降本增效,首先要从制度上解决问题,避免制度的浪费和缺失,用制度来促进和保障降本增效。一是定期对企业的各项规章制度进行梳理、清理,把过期的、不能适应当前和今后管理、发展要求的制度进行废除、修改、完善、补充,让制度成为促进企业管理、发展上台阶、成本降下来的催化剂,而不是阻碍企业发展,耗费人力、物力、财力的绊脚石。二是制定、完善促进企业降本增效的制度,明确降本增效的考核奖励机制，让降本增效成为员工思想、工作的首要思考条件，把好降本增效的源头关。三是制定管理制度，把制度管理用文件明确下来。制度的制定、修改流程与权限以及部门职责明确是这个制度的关键点。如果谁都能发文件、制定制度，就容易混乱。同时，制度管理是一个常抓常新的事情，要坚决杜绝一劳永逸的思想，定期整理、定期修改、定期发布。

八、好流程是降本增效的万能之钥

关于流程，业务流程再造之父哈默曾说："流程决定组织结构"；而钱德勒则认为"组织跟随战略"，看上去两者的观点似乎有矛盾，事实上，其各自所关注的流程类型是不同的。但是，成本产生的根本原因是"为了达到预定目标所开展的作业活动必须消耗资源"。要从根本上管理和控制成本，就必须认识到，决定成本高低的根本原因是"为达到预期目标所选择的流程"，流程模式和作业细则确定后，成本高低便从根本上确定了。流程可以划分为两大类。

1. 哈默的高阶流程

哈默所谈到的流程是高阶流程，指当一个组织复杂到一定程度时，需要进行流程再造或流程重组，即按照何种价值模型构建组织。

2. 钱德勒的低阶流程

与哈默不同，钱德勒针对的是低阶流程。在既定的组织结构中，具体的办事程序、多数管理文件，如招聘、考核、设计管理等流程都属于低阶流程。

流程作为"河流"，是组织成本管控体系的重要组成部分。组织是静态的责任结构，而流程是动态的责任结构，能够把每一个角色、每一项工作都进行清晰的界定。对于中小企业来说，其流程是隐含的，只需在头脑中加工即可，无须写出来。当企业达到中等规模时，就需要运用一些流程表达出工作程序，如发放薪酬时，要签订工资单，做好审核、调整和控制的整个流程。当企业的规模越来越大，组织结构越来越庞杂时，要想提高组织的效率，突破部门之间的界限，就要梳理并优化流程。

流程利益相关者是流程背后的核心问题。企业在优化流程时,要明确四类人对流程的诉求。

(1)基层员工是执行关键。

作为流程的执行者,按照流程的具体规定进行日常业务操作,对事务的操作效率、完善程度具有较大影响,因此希望流程越短、效率越高、执行越方便越好。

(2)中层管理者是流程负责人。

中层管理者是流程的负责人,对流程的运作成本和质量具有决定性的作用,流程是否合理、高效、完善基本上取决于经理层。

(3)企业高管是资源的获取和调配者。

企业高管通常从控制角度看流程,可影响企业运行的具体组织架构、资源分配,提供更多资源的同时,让资源向利益方倾斜。

(4)企业股东注重长期利益。

作为企业股东,希望流程制度规范越来越好,能够支撑企业的长期和组织化发展。

总的来说,企业的基层、中层和高层,在设计流程时,要考虑到流程有多个维度,从而使工作的速度最快、效率最高、环节最少。同时,针对企业内的不同诉求,要通过流程协调统一起来。

九、以人为本进行降本增效

最大的浪费莫过于人才浪费,人才增效才能真正增效。人才浪费主要有以下几种:一是人才闲置,优秀的人才没有被赋予挑战性任务,或者是工作量不饱满。要透过人才的挖潜,把人才的潜力发挥到极致,实现人尽其才。二是配置不当,没有真正按照适才适岗的要求进行人力资源配置,A 才配到了 B 岗,有点张冠李戴的味道。这需要用人部门和人力资源部门共同加强人才的动态管理,真正了解、记录员工的才能,按照才能定岗,实现适才适岗。三是人员素质提高缓慢,科技在进步,潜力不提升,人才就会慢慢变成庸才,只有透过不断培训、测试、考核,把学习力建设当作企业竞争力建设的主要着力点，把知识管理作为企业管理的一个重要方面，把学习力、应用力、创新力和知识面作为提拔任用的基本考核点，才能有效提升人才素质。四是人员功能内耗，这主要是由于制度、流程的原因，让人才去做绕弯子、跑腿子、磨嘴皮子的事情，造成人才的浪费。只有对各项流程、制度进行定期和不定期的调整、修改、优化，才能真正解决人才的功能浪费。五是人员工作意识不到位，这主要是由风气、氛围、习惯造成的，就是“要我工作”与“我要工作”的差别。要透过企业文化的宣贯与渲染，构成“想干事、能干事、干成事、干大事”的氛围。一般人都能按照岗位职责或者领导的安排来完成工作，但真正想干事、能干事的员工才能称得上人才，在干好工作的同时，进行扩展、拓展，这就是员工的主观能动性和用心性。六是外脑浪费，干工作不是所有工作都由自己做，更不是只依靠自身经验工作，而是要充分借助外脑和外力，透过“拿来”和创新，在模仿之上实现超越，才能把工作做好，更不能闭门造车，而是要大胆借脑。

十、关注人的行为成本

降本增效的决策方面是要透过一系列的改革方案，达到节约成本提高效率的目标。在围绕人的行为上，可以看到很多成本。首先，企业所有的成本都是行为带来的，归根结底的成本控制是行为成本控制。因为在企业里，增加成本或减少成本都是人的具体行为决定的，尽管有严格的制度，但也会有漏洞，最终还是要由具体行为人决定成本的大小。比如从上海到深圳是坐飞机去还是坐高铁去？坐飞机要坐哪个航班？坐高铁是买商务座、一等座还是二等座？都有一个行为选择的问题，而不同的行为选择就带来不同的成本。同等条件下，如何让员工主动选择低成本出行，并固化这种选择偏好，是降本增效的本质问题，也是企业文化层面的一个价值导向问题。还可以通过这些行为管理压缩出差时间，提高工作效率，节约工作成本。其次，制定标准化工作流程。标准化工作对企业梳理专业技术、规范作业流程、提高生产效率有着十分重要的作用。最后，是对人才之间的内部结构重组和工作范围的划分进行明确，更能拓展业务范围，加强企业的核心竞争力。

十一、优化组织架构整合资源

随着降本增效的机制不断深入,大家会发现各个部门的资源整合和管理更加集中,优化了人力资源配置,加强部门协同,会让组织更顺畅,定期举行管理人员进行岗位交流,利用合理时间举办各类培训项目,能够广泛获取更多人员支持。重新修订、完善组织手册、权责手册、岗位说明书、经济职责制度和绩效评价体系,调整奖金分配方式,配置竞赛和专业晋升的分配形式,奖金向一线员工倾斜,向关键岗位倾斜,向做出贡献的单位和个人倾斜,发挥了杠杆和激励作用。推进标准化工作,要把标准化的理念贯穿到各项管理工作中,规范一切、一切规范,透过对管理、技术和操作维护等岗位标准的修订,将各项管理要求、技术指标等要素纳入标准中,企业是由生产管理、行政管理、人事管理以及财务管理等管理活动有机组成的组织,要使其在激烈的市场竞争环境中生存下去,不断提高其竞争潜力。

十二、利用数据,深化降本增效项目

最初的成本效率数据出现后,一定要做好留存和条件分析,会对接下来的完善标准成本管理产生巨大的影响。比如在制造业当中,根据 ERP 生产订单的成本项目,结合实际状况,制定出各单位、各道工序的原辅料、动力介质的标准消耗和产品标准收率,着力抓好从原材料到销售全过程的成本控制数据,对照行业先进水平和历史最高水平,查找自身差距,分析原因,落实措施,促进指标晋升等级,透过工艺优化、技术支撑、节能降耗、挖潜改造,控制生产、维修、销售、工程成本,紧缩各项费用支出,力争实现降本效益最大化。

十三、需要强力有效的监督机制

监督机制就像是扮演戏曲中“黑脸包公”的角色,这个部门人员的任命,一定是公司的领导或者特别任命的采购议价全权代表,这一类人需要善于博弈并且恪守底线。当然也可以找公司外部的顾问,但是无论是谁,都需要被赋予有效执行的权利,不能仅仅提供参考意见。

监督权能够赋予某个独立部门，比如审计或者监察部门，也可以是某个部门的独立职能。归根结底就是审查每项成本的合理性，然后发布强硬的、不容置疑的限价指示。

十四、预测和规避风险，不可预测成本转为可控制成本

不可预测成本受到的企业重视更少，由于没有计划这方面的成本，或省减或不当，都会给企业经营带来不可弥补的损失，甚至使企业经营不下去。其主要表现在如下方面。

(1)规避市场风险所需成本：收集市场信息，进行经营决策，需要付出成本，许多企业重视销售却忽视市场信息的收集，使得产品滞后。其中还包括灵活的营销策略、多种多样的营销手段都要付出成本。

(2)创新所需的成本：包括产品创新、市场创新、组织创新等多个方面，怎样研制开发适应顾客需求的产品系列，本身就需要付出成本，把这些产品推向市场也需要成本，为了生产和实现这些产品，组织上要创新，也要付出代价，这些成本都应在控制之中。

(3)经营过程中规避风险的成本。主要有两部分，一部分是折旧，上一个问题中已提及；另一部分是利用各种金融工具来规避风险，期权、期货、保险等都要付出成本。

降本增效不仅仅是关注成本，其实主要是关注利润，通过利润的获取，必须领导、激励和鼓励员工，开发富有创意的产品和营销策略，确保技术和研发在行业领先，能够为客户提供优质高效的产品或服务等。归根结底，是利润贯穿经营管理始终。利润微薄的公司士气低落、产品乏善可陈，再进行成本管控，有可能失控。所以，学会赢取高额利润，才能更好地实现降本增效。

第三章

要务1:成本领先战略先发制人

第一节 成本战略是企业战略的重要一环

一、成本管理上升到战略高度

20世纪80年代,商业企业在全球都实施了同样的策略,关闭生产设施、裁减员工,减少不盈利的产品线,对供应商施加压力等,这一阶段的降本增效策略的背景正是新技术的革新,进而成为"并购重组热潮"。通过跨国并购解决生产能力过剩产生的盈利能力下降的问题。特别是银行业、服装业、航空业、计算机、零售业等,过度的产出能力挤压利润,降本是主要策略,并购是更高级的形式,并购后可以解雇工人、关闭分支机构,提高报表利润空间。

对于许多企业来说,聚焦于重组的战略计划依然没有结束。一个成本削减的时代已经来临,企业如何实现低成本高效率的运营,这应该是当下最值得深入探讨的问题。其实不仅是在当下,在企业管理中也是一个永恒的话题。低成本高效运营是一种整合的战略模式,在企业战略的指导下,通过对企业资源最优化的配置,在不断追求低成本运营的同时,努力追求和保持产品与服务的竞争性、高效率和高质量。

从本质上讲,任何企业都是通过生产流通或者是服务这些活动来获取经济效益,然后再为股东去创造价值的过程,企业管理的关键就在于对企业拥有的生产要素进行计划、组织领导和控制,最有效的办法是不断提升企业的价值。

管理学作为一门学科出现以来,从最开始的古典主义到行为学,再到竞争战略管理,在不同的内容上有各自的侧重,但是如何获得最重要的竞争优势和实现企业效率最大化、价值最大化,成为管理学研究的终极目标。

其实研究成本应该把成本放在一个更高的地位上去研究,比如说战略模式中就涉及成本管理,可以简单地把战略模式分一下类,具体可分解为6大战略模式,如图3-1所示。

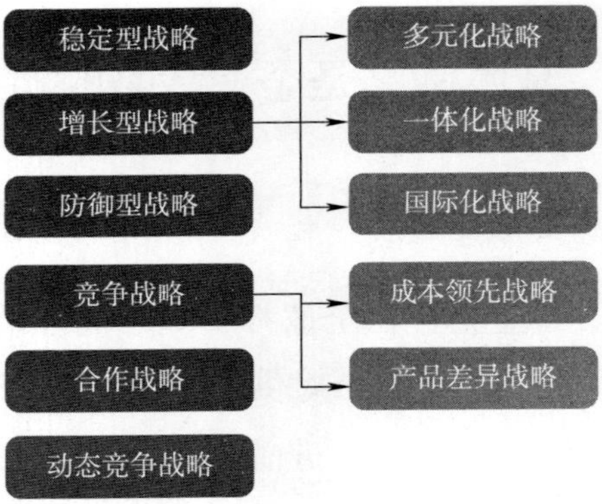

图3-1 6大战略模式

6大战略模式分别是:第一稳定型战略,第二增长型战略,第三防御型战略,第四竞争战略,第五合作战略,第六动态竞争战略。大多数企业都会选择增长型战略和竞争战略,因为相比稳定性战略,较为传统。需要获取更大价值的时候,选择增长型战略的多一些,增长型战略还可以细分为三个领域,即多元化战略、一体化战略和国际化战略。其中,多元化战略的案例是最多的。

比如杜邦公司,原来是生产炸药的,后来走上了多元化道路。染料、色素、化工产品、塑料杀虫剂、农药化学品,包括一些轻武器、枪之类的,还有橡胶磁带、照相器材,各种新型的材料、塑料它都做。多元化战略之后涉及的领域和产品就非常广泛。还有一个大家都熟悉的公司——强生集团,最早经营绷带、急救带,属于医疗器械和设备。后来也走上了多元化,最开始的时候是外科手术的一些器械,然后婴儿的用品逐渐多了起来,卫生纸、牙刷、木梳、发梳,还有一些药品、纺织品也在生产。

一体化战略是由各自的关联机构和关联组织形成的经营联合体。具体的一体化分为前向一体化、后向一体化、横向一体化和纵向一体化。前向一体化就是和销售商的结合;后向一体化是从生产原料上一起结合;横向一体化是同行业资源企业和企业之间的联合,纵向一体化是沿产业链占据若干环节的业务布局。

二、成本领先战略是竞争战略

成本领先战略,又称低成本战略,是以规模生产和低能耗经营来降低成本,再以低成本所支持的低价格来赢得市场增加收入,最后实现盈利的一个过程。

企业在提供相同的产品或服务时,通过在内部加强成本控制,在研究、开发、生产、销售、服务和广告等领域内把成本降到最低限度,使成本或费用明显低于行业平均水平或主要竞争对手,从而赢得更高的市场占有率或更高的利润,成为行业中成本领先者的一种竞争战略。

成本领先战略的理论基石是规模效益,即单位产品成本随生产规模增大而下降,和经验效益,即单位产品成本随累积产量增加而下降。实施成本领先战略成功的关键在于:在满足顾客认为至关重要的产品特征和服务的前提下,实现相对于竞争对手的可持续性成本优势。“可持续成本领先”指企业通过低成本的地位以获得持久的竞争优势。

成本领先战略也分类型,一般有 5 种。

(1)简化产品型成本领先战略:使产品简单化,将产品或服务中添加的花样全部取消。

(2)改进设计型成本领先战略:通过对产品的外观、部件等进行改进,减少工序、原料等,降低成本。

(3)材料节约型成本领先战略:通过减少原材料使用量,最直接地从源头降低成本。

(4)人工费用降低型成本领先战略:控制研究与开发、产品服务、人员推销、广告促销等方面的支出。

(5)生产创新及自动化型成本领先战略:利用先进的生产工艺技术,降低制造成本。

最能解释成本领先战略的一个词叫薄利多销。用较低的成本促进较高的销售,这是一个最基本的经济逻辑。成本领先战略要求企业必须建立高效率和规模化的基础,全力以赴地降低成本,以达到目标。

在成本领先战略中管理对成本要给予高度的重视,确保总成本低于全部的竞争对手。在这样的一种发展模式下,当企业面临危机时,可以第一时间重新审视企业的价值,制定出合理的策略。低成本高效运营本身也是在危机来临时的一个常态要求,有成本领先战略的企业是在规模生产的基础上去降低成本。典型的低成本高效运营的企业,它的产品服务销售是高效率和标准化的,并且它具有创造经济规模化的一种优势,从而构建总体上的成本优势,所以,当危机来临时,这类企业并不惧怕。

因而,当我们审视组织价值的时候就会发现组织应该更好地去集中资源,如果组织资源非常分散,那么成本也会加大。资源整合得越集中,成本控制得越直接,组织价值会最大化,组织成本就变得最小化。资源集中化,无论是跨地域或者是跨部门,对分散和有限的资源是一种统一和整合,减少重复的建设和浪费,自然就会提升资源的使用效率。

三、成本战略实施条件

如果一家企业实施了成本领先战略,在一定时间内可以抵挡住现有竞争对手的对抗。对于客户降低产品价格的要求,成本领先战略的企业在进行交易时握有更大的主动权,可以抵御购买商讨价还价的能力。如果企业已经建立起的巨大的生产规模和成本优势,使欲加入该行业的新进入者望而却步,形成进入障碍,从而对行业内企业形成一种壁垒式的保护。

最近这十年里,广义货币供应量增长了3倍,经济规模增加了1.8倍,百姓总体的收入增加了,不管买东西还是卖东西,价格提升都是自然的选择。但是世界饮品可口可乐没有怎么涨过价,当问及可口可乐的高管时,他们说“这是一种经营策略”。可口可乐不涨价,经济学中有两个规律可以解释,菜单成本和古诺均衡解释。菜单成本是指商家涨价的时候也得花钱。餐厅改价格要重印菜单,可口可乐如果提价就要改广告、调整市场策略,还要想办法安抚抗议的消费者……而古诺均衡,通俗来讲,一种产品市场只有两个卖家,卖的东西基本无差别,两个卖家相互之间也没有任何串通行为,不过都知道对方将生产多少、怎样定价,这样,双方都可以确定最优的产量来实现利润最大化。在这种均衡之下,也就是低价格和微薄利润的成本战略,将大部分竞争对手阻挡在行业之外,而少数的巨头则依赖于规模生存下来,获得尚属可观的总量利润。

可乐可以依靠规模化生产降低成本。比如可口可乐的自动化生产线,一分钟可灌装成千上万瓶可乐,相应的成本结构中,人力占比很少,这几年人力成本的大幅度增加对其影响不大,因此售价就可以维持在比较稳定的状态。国内新的品牌因为规模小,很难做到同样低价,只能退出。德国有一个可乐品牌叫阿非利可乐,创立于1931年,1960年逐渐被可口可乐挤压。后经几度转手及软硬件调整,如今成为一款小众的、咖啡因含量较高的可乐。

如果企业把价格提高,一开始利润率是提高了,但新的竞争对手就会不断进入,随着价格战的开启,产品的价格越来越低,利润也就越来越低。

但是优势也伴随着风险,可能所生产的产品即使价格低廉,也不为顾客所欣赏和需要,比如现在的奶茶市场和健康饮料非常火热,很多人宁可多花几块钱去买这类产品,也不去买可乐。虽然可口可乐碾压了行业内其他小企业,但是行业中新加入者通过模仿、总结前人经验或购买更先进的生产设备，使得他们的成本更低，以更低的成本起点参与竞争，这时，企业就会丧失成本领先地位。还有一部分风险来自外部，比如受通货膨胀的影响，生产投入成本升高，降低了产品成本，失去了价格优势，从而不能与采用其他竞争战略的企业相竞争。同时，也容易受到上游企业和市场不景气等外部事件的冲击，应对外部冲击能力较弱。

所以，成本领先战略在实施前，有一定的条件。可以分为外部和内部条件，如表3-1所示。

表3-1　成本领先战略实施条件

外部条件	内部条件
（1）现有竞争企业之间的价格竞争非常激烈 （2）企业所处产业的产品基本上是标准化或者同质化的 （3）实现产品差异化的途径很少 （4）多数顾客使用产品的方式相同 （5）消费者的转换成本很低 （6）消费者具有较大的降价谈判能力	（1）持续的资本投资和获得资本的途径 （2）生产加工工艺技能 （3）认真的劳动监督 （4）设计容易制造的产品 （5）低成本的分销系统

基于此，在选择成本领先的竞争战略时，必须正确地估计市场需求状况及特征，满足一定条件后，努力使成本领先战略的风险降到最低。

第二节　成本领先战略的重构价值链

成本领先战略不仅仅是降低价格和成本，其主要目的是提升价值。而价值也不仅仅是利润，还包括创造利润的能力。这就需要重构价值链条，打造战略持续管理能力。企业的本质也是市场经济竞争下，通过有效整合利用各种资源，以追求价值最大化为根本目的的组织，这就是重构价值链。相比较零零散散的改变，价值链重构可以改变成本结构，大幅度降低经营成本，还能发挥企业的优势从而改变竞争的基础，打造企业的核心竞争力，如图3-2所示。

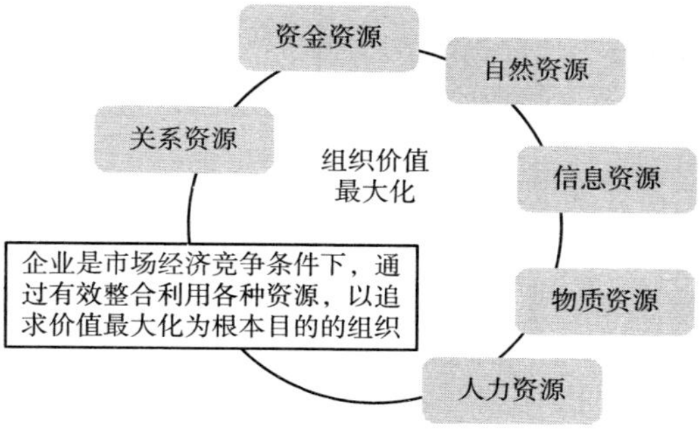

图 3-2 组织价值最大化

一、丰田的“低成本”管理理念重构价值链

在东京证交所、名古屋证交所、纽约证交所和伦敦证交所上市的日本跨国汽车制造企业丰田汽车公司利润充沛,但是依然对成本管理非常重视。

1. 杜绝浪费

杜绝浪费是丰田现场管理方式的基本原则。丰台汽车对浪费的定义比任何定义都严格,首先一切不为顾客创造价值的活动都是浪费,即使是创造价值的活动,所消耗的资源如果超过了“绝对最少”的界限也是浪费。

2. 合理性生产

“合理性生产”要求企业以合理配置和长期利用企业生产要素消除生产过程中一切不产生附加值的劳动和资源,增强丰田适应市场需求的应变能力,获得更高的生产效率和更大的经济效益。

3. 准时化

制造过多、过早浪费都会造成库存,违背“适品、适时、适量”的准时化生产(J1T)原则。准时化生产(JIT,just in time),即以市场为龙头,在合适的时间、生产合适的数量且高质量的产品。均衡生产指工件被拉动到生产系统之前要按照时间、数量、品种进行合理的搭配和排序,使拉动到生产系统中的工件具有加工工时上的平稳性，丰田就是把时间管理引入到成本中来。

4. 智能化

智能化指“带自动停止装置的机器”，其作用就是杜绝生产现场中过量制造的无效劳动，防止生产不合格品。

5. 看板管理

看板管理是丰田现场管理的工具。看板最常用的形式是装在长方形塑胶套中的一枚纸卡，纸卡大致分为两类：一类为取货指令或搬运指令，一类为生产指令。以生产工序的最后一道工序为起点，开始给装配线提出生产计划，由后一道工序在需要的时刻到前一道工序去领取需要的数量、需要的东西，而前一道工序则只生产所需领取的数量。在运往生产线的零部件箱边上部会贴有象征丰田现场管理方式的看板，它可以预先防止生产现场可能出现的最大失误——过量生产，同时让生产出不合格品的工序及时发现问题。

6. 持续改进

从局部到整体永远存在着改进与提高的余地，在工作、操作方法、质量、生产结构和管理方式上要不断地改进与提高。企业史上一个看似简单却很奇迹的一件事，就是丰田从未发生过管理动荡，原因就在于其能够持之以恒。

二、娃哈哈根植于企业文化重构价值链

娃哈哈除了追求生产设备高效化，实施生产制造成本控制和配送成本控制等成本策略之外，主要特色是在企业文化中结合了成本领先战略。成本领先的企业文化是企业成本领先战略理念的前提与基础，把低成本的理念贯彻到员工中去，形成员工的共享价值观，就会有更多降低成本的途径。

娃哈哈的“艰苦奋斗”精神在企业中无处不在，由高层领导带头树立低成本标杆，层层推进至整个企业，真正落实至每一个员工的行为上，为成本

领先战略奠定了坚实的基础。

例如,复印纸两面用,像在自己家一样使用水电,水用两次以后再进入下水道。如果低成本理念深入每个员工的思想,就会有丰富多彩的低成本行为发生,从而给公司带来相对于竞争对手更持久的成本优势。

第三节 从始至终贯彻成本战略思想

一、总体上极力促进企业利益增长,提升市场竞争力

全球发生的一系列事件说明,变化才是永恒的主题。企业在局势越来越变化无常、难以预测的环境下开展运营,其转型已经成为常态,甚至企业要在无休止的转型模式下运营。一个长期不间断的成本领先战略,将使得注重成本变成企业普遍的意识,而不是招致削减成本后的员工怨恨和抵制。即使没有人监督,员工在决定每笔支出时也会像从自己工资拿出钱一样谨慎。

在成本领先战略下,识别产品价格、行业环境等外部环境的变化,配合企业可以通过全面降低成本、增加效益来节约产品的生产成本,提高生产量、生产速度及生产质量,以更低的成本生产出更多、更好的产品。极力解决企业的利润增加问题,如果一味地砍成本,企业利润没有增加,企业也就没有更多的资本投入到其他投资项目中,无法获得更高的资金周转率,就很难抵抗内外压力,提高企业竞争力。

在降本增效的作用下,企业通过节约各种物化劳动的消耗,在各部门中树立了勤俭节约的企业形象,将节约成本和增加效益贯穿到各生产部门、运营部门、财务部门等重要部门中,能够改善企业的生产经营管理。在企业管理者的带领下,企业的生产经营理念也将向节约成本、提高效益发生转变,企业全体员工也能够牢固树立节约成本的意识,原先企业浪费的现象将得到有效遏制。

这个时候就要探讨一些具有长远影响的重大支出安排是否与当期成本形成关联。

(1)企业成本的大结构是在哪个层次决定的?

(2)战略成本管理要做些什么?

(3)哪些因素在挑战既定的框架?

(4)价值链和成本动因是如何对成本产生长远影响的?

(5)如何考虑生命周期的全程成本?

战略领先成本管理就是来揭示其中深层次的原因,探讨其他成本管理优秀企业的最佳实践做法,分析战略成本管理的精髓和要点,并将这些原则、理念、方法和经验灵活应用于企业管理实践的各种情况中去,最终达成业绩的增长。

二、将成本领先战略落实到日常绩效

大多数企业很难保证长期成本严格控制下的日常经营,这要求全员上下具有一种较高的自律性。当成本控制成为一个短期行动计划的时候,转型就成了孤立事件,一旦达成目标或过了截止日期,“熬日子”变回了“好日子”,则故态复萌。

作为一家优秀的企业,应充分认识到成本在竞争中的重要地位,其成本管理绝不是为了节约而节约,也并不等同于降低削减,而是“为了建立和保持企业长期竞争优势所采取的一种措施”。成本领先战略完成较好的企业一定是结合节点计划和日常绩效管理而完成的。

许多企业未能通过一套业务规划和绩效管理体系将业绩与战略有效地联系起来,因此造成了战略制定与资源分配之间的脱节。管理人员不敢把资金投入到未实现的或无法实现的目标和能力上。此外,由于不能准确地评估某项业务对股东或外部买方是否有更大的价值,企业也不能做出有效的业务组合管理决定。调整资源分配方式,将投资引向战略重点,或将资源再分配到具体有战略意义以及增长最快的业务上,是永恒不变的需求。否

则,投资将回流到既有的成熟业务中,这些业务在现行体系下拥有着最为根深蒂固的游说能力和资源。

三、预算策略发现“隐性成本”

经营活动的时间限制和不充分的分析信息常常伴随着另外一个管理障碍,那就是强加于各部门的自上而下的垂直预算结构。这在某种程度上算是一种公司的游戏,有一些不成文的游戏规则,例如部门负责人不能揭示经营活动真实成本的要素。

在财务战略中,安排围绕建立“成本领先”或“成本避免”目标来展开,是非常合理的。基于此,成本战略的主要驱动力绝对不是诸如裁员、大幅削减研发成本等粗放手段,而是技术进步和管理创新,这种成本策略不但可以为企业赢得高额利润,还可以使企业在竞争中保持长久的竞争优势。

熟悉这一游戏的有经验的财务主管可以很容易地识别出这一策略:在项目工程或者单项产品上通过有意或者无意地加入间接的关联成本,使成本在原始估计数之上被夸大。

在办公室或者工厂里安装自动化设备所产生的潜在成本就是过去常见的一个例子。在采用新技术上,财务主管如缺乏理解这些超额开支项目的意义,确实在引进新技术的初期很难确定其带来的价值和收益。

四、引导全员思维关注成本要素

在当前的商业环境中,任何一个企业家、创业者的商业逻辑,如果还只是停留在不计成本的试错,没有上升到思维层面的策略导向,那基本上很难成功。比如,母婴行业的用户生命周期很短,基本维持在6年左右。在这么短的时间段里,如果不能用思想实验来考虑降本增效的问题,就会错失很多商机。美团提供了一个非常重要的成本思维方式——U型思维,找到问题的本质,以此来确定问题解决的逻辑方案。当然,这种思维方式的培养首先需要企业管理者有深入思考的能力，比如，需要了解自己所处行业的本质，知道自己的产品能解决消费者哪些痛点。第二，不要企图通过抄袭的方式来获取成功，一定保持自己的探索精神，热爱自己所处的行业。第三，做一个成熟的利己主义者，所谓成熟的利己主义，一定是先利他后利己。

按照管理大师迈克尔·波特的理论，企业竞争优势的取得主要有两种方式：低成本和差别化。众所周知，成本领先战略曾是日美经济领先于世界的武器，原因在于单个企业通常难以左右产品的市场价格，而企业通过采用新的管理技术和科学技术，挖掘降低产品成本的潜力却很大。这些概念应该从理论到实践传输到每一位员工身上，比如企业内部可以举办读书会、裸心会等，还有很多企业管理者通过各种研学、游学来提升自己的经营思想。这样的行为可能有效，但是它也有一定的前提。第一，确信自己有足够的学习能力；第二，在短短的开会游学期间就能掌握对方降本增效的精髓；第三，具有自我诊断并且寻找合适精髓的能力；第四，能够有效控制引入外部精髓过程中引发的各种“排异”症状。

思维上的战略成本管理主要还体现在日常对标杆企业成本管理要素的分析能力。比如一家企业实施成本领先战略，究竟要考虑哪几个方面呢？具体如表3-2所示。

表3-2　标杆企业成本领先战略具体要素分析

产业链集群降低物流成本
利用地域优势合理配置人力资源成本
优化成本结构＋强势品牌建设反击价格战
战略资源控制降低成本
售后服务成本控制在售前
营销体系随需应变

然后再分析成本的分布与要素构成，可以根据自己企业的实际数据，填写分析企业成本的要素构成，如表3-3所示。

表3-3 成本的分布与要素构成分析表

项 目	成本占比
技术/研究开发	
原料/材料/物流	
生产/设备/人工	
市场和营销	
售后	
管理费用	

分析企业的战略框架,哪些地方需要成本开支,如图3-3所示。

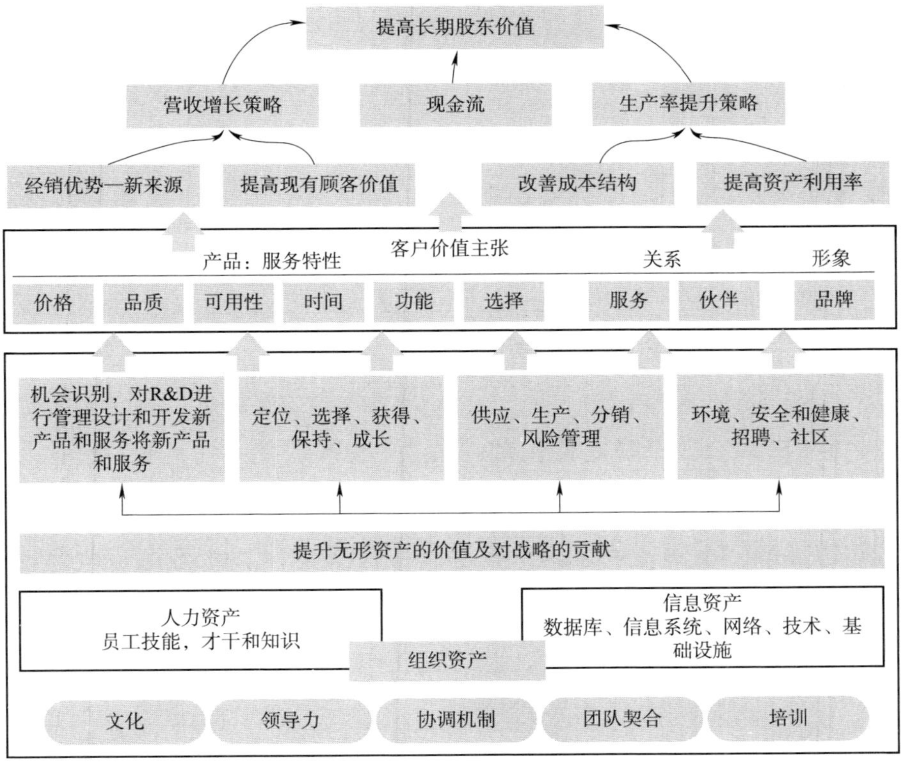

图3-3 企业的战略框架图

对于企业运营而言,系统性风险是难以预见并且无法回避和控制的。

企业能否活下来，其实与早期选定的成本战略是相关的。

五、表彰员工，让一线人员感受到节省成本带来的荣誉

在鼓励员工改变行为层面，自豪感比金钱更重要。学会发现成本领先战略能产生积极影响的各种行为，厘定清楚不同级别、不同部门的员工能如何作出贡献。当发现有人正在采取有成本意识的行为时，应该立即给予积极的评价。高管在公共场合和私人场合都要对员工的工作成果给予肯定，并且通过为表现突出的个人或团队举办一定形式的表彰会来祝贺他们的成功。哪些成本可以削减、哪些成本可以简化，一线员工是做出判断的最佳人选。因此，为了形成注重成本的企业文化，必须寻求他们的支持。

成本领先战略的实施者就是一线员工，首先要增强员工主人翁意识。主人翁意识是双向意识，一方面要做好学习宣传，让员工了解未来发展方向，打造员工的发展平台，解决后顾之忧。其次要切实做好政策公开，及时将全行业发展状况向员工宣传通报，让员工知道当前的优势和面临的困难。最后要抱着积极、诚恳的态度推动员工参与管理，鼓励员工监督。之前有家企业领导一味地追求企业层面的荣誉，争取一些不切实际的奖杯奖状，然后要求全体员工奉献，发动了一场“大干100天”的临时活动，让全员吃住用都在公司，这不是主人翁意识，是企业高层的片面幻想。员工自豪感、归属感不是要求出来的，要把管理放在更加突出的位置，不求短期效益，只谋长远发展，着力把基层经营管理的成本意识作为一个长期坚持的系统工程，才能推动成本领先战略的持续健康发展。

第四章

要务2:组织架构调整消除内耗

第一节 财务和组织运营两种视角下成本特征

一、财务视角下的成本是三个能力反映

如果从传统意义上看财务上的成本,其实就是三个主要能力的运作,即企业的运营能力、获利能力和偿债能力。第一个运营能力反映的是资金的使用情况,相当于资金周转的速度;获利能力反映的是投资的结果,体现的是效率;偿债能力体现的是筹资,反映的是能够在短时间内产生较好的组织质量。如图4-1所示。

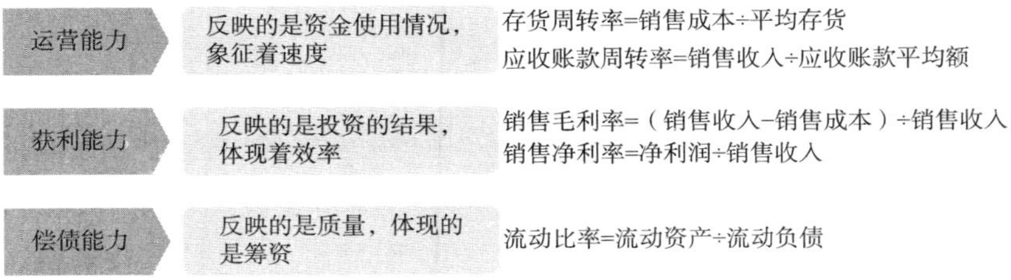

图4-1 财务视角下的成本是三个能力反映

因此,观察成本要从组织视角上去看,只有这样才可以看到更广泛和更广义的空间。比如从财务视角上看,企业已经非常节省,费用已经是最低

了，但是天天不断地开会，务虚会、沟通考核会、项目会，各种大会、小会、碰头会……从组织角度上来看，这是非常浪费的一种现象，它并不能节省成本。

组织成本的概念始于1937年科斯的经典论文《企业的性质》，科斯认为市场运用价格机制配置资源是有成本的，即交易费用，而企业通过命令方式配置资源可以节约交易费用，因此，企业的显著特征就是对市场配置资源方式的替代，或者说企业是为节约交易费用而存在的。但企业内部也存在组织成本，这种组织成本会随着企业规模的增加而增加，企业的边界就取决于增加的边际组织成本与节约的边际交易费用的均衡。

二、组织运营视角下的成本有三个特点

从组织视角上看成本有三个特点，一是基于组织的全盘考虑成本；二是要以形成竞争优势为己任；三是创造各方面价值。因为组织的属性本身就带有群体性和整体性，要从资源和价值的角度去审视企业，而不再从人员的薪酬招聘成本、物品的单价去看，要看组织效益、整体资源的配置问题。比如通过企业的兼并重组，发展战略的合作伙伴，以及加快产品结构和产业结构的调整，来促进技术的进步，如图4-2所示。

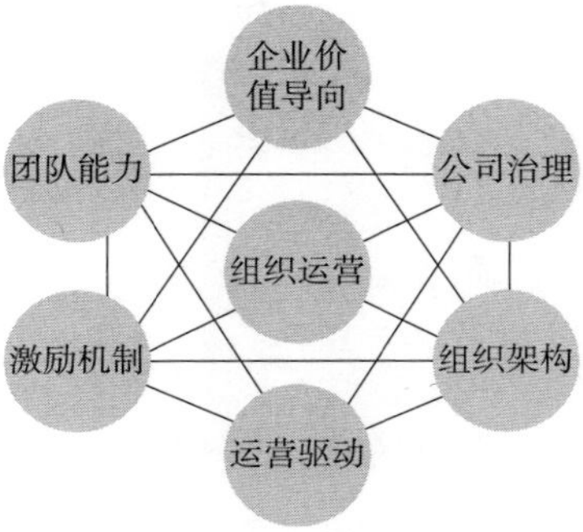

图4-2 组织运营视角下的成本

精减组织机构、优化流程、定岗定编等都可以列在组织成本节约的范畴里,很多时候这样的行为被高管团队认为是在浪费。其实,从财务上看似花钱了,但是从组织成本上看,这是最少的投入,在危急时刻用最小的投入换取将来更大的利益,这才是组织视角下的成本核心问题。

当然,我们要提倡有效节约组织运营成本,组织有效指我们在成本节约中要有三个"有利于":有利于企业的战略目标实现,有利于企业核心竞争力的形成,有利于企业价值创造能力的提升。

节约要从宏观去把握,微观去着手,要将成本水平控制放在全流程范围。所以说运营成本是广义的、所有的、因为产品和服务而产生的一些不必要的支出,只有如此才能够把企业的发展真正提高到新阶段。

当从组织成本的视角进行成本控制计划的时候,关键词便不再是降薪调岗,而是适应匹配资源的配置,组织干预、系统整合,孵化新项目,追逐会议效率,追逐运营效率,唯有这些才是组织成本中要做的事情。

三、成本管理三大无效误区

成本运行过程中节约组织成本需要一个标准和原则,就是组织的有效性。对于组织如何有效不好定义,但是可以从成本管理中有可能存在几个无效误区来反观有效性。

第一,不是成本降得越低越好。如果企业一味地追求低成本,那就会牺牲产品和服务的质量,以及响应客户的时间等条件作为代价。在给一个一线的销售人员减薪减奖时,他积极性肯定是不高的,而且会间接影响到客户服务,一旦影响利润,导致后续的成本会不断增加。

第二,成本管理并不是越细越好,所有的管理措施均应该考虑投入和产出之间的关系。在一定的人力、财务和物资条件下,需要达到配置和成本的水平达到最优化,因为它是整体性的一个结果,并不是挖出很多琐碎细节,如这个月省了几块钱,下个月再省了几十块钱这样的状态。

第三,成本管理并不只是财务和人事部门的主要责任。成本应该渗透到企业方方面面去,比如成本的理念可以上升到文化方面。如果一些战略做得好的企业,更可以上升到战略的高度。体制健全的企业,可以在体系建设里面设置成本体系建设。

第四,成本管理不仅要做到节约,也要进行一些预防。在经营过程中一些成本的浪费,要去节约,同时也要对可能发生的成本做好预防,以便在危机发生后马上开始减少某些成本、某些开销和某些运营,这种未雨绸缪的方案非常重要。

第二节　组织胆固醇:企业面对的成本顽疾

早在18世纪人们便从胆石中发现了胆固醇,胆固醇是动物组织细胞中不可缺少的重要物质,它不仅参与形成细胞膜,而且是合成胆汁酸、维生素D的原料。胆固醇并非有害物质,但是胆固醇水平普遍升高是造成冠心病发病率和死亡率迅速增加的主要原因,因此高胆固醇要引起大家的防治意识。

在组织中也有这样一种"疾病",本身是组织中必不可少的元素,但是一旦失控,没有及时优化,企业的生命就会受到严重的威胁,称之为"组织胆固醇"。

组织胆固醇现象能够形象地说明成本问题,成本是一定要有的,把成本限制在一个合理的范围内,就是对组织最大的优化。组织胆固醇按高低与否定义为四个维度,分别是层级、流程、集权和制度。因此在一个组织里,如果出现无法移除的层级、毫无效率的流程、阻碍发展的集权和不曾执行的制度时,那么就可以断定这个企业具有较高的组织胆固醇,需要"治疗"了。

一、无法移除的层级

层级是无处不在的,层级之间的博弈也是无处不在的。按传统的管理模式运作，一项工作安排要经过以下程序：总裁与副总拿出工作计划传达给部门总监，部门总监召开部门会议布置工作，再由各直线经理通知到各个执行小组及其他员工。同样的道理，来自工作一线的信息反馈也要经过相同的路线向上传递，层级多是导致管理线过长、管理时间成本过高的"顽疾"。由于层级多，管理线长，双向信息在传递过程中较缓慢，且易造成变形或流失，从而影响决策和管理效能，降低企业营运效率。

如果层级较少，会有一个直接影响便是管理幅度较大。在具有一定规模的企业里，有些部门直接管理一二百名甚至更多的员工，很多集团公司除了直接管理，还有间接管理的人员。这种情况下，如果盲目地"扁平化"，职能部门便很难驾驭如此大的管理跨度，无形中造成工作粗放凌乱，则势必会降低管理的效益和秩序。

层级制管理负功能中最大的发展特征是形成了官僚主义，这是管理制度的一种弊病，也是层级制中管理人员的一种普遍毛病，主要有两点表现。

1. 形式主义

员工行为按照一套严格的规则和章程来进行，由于过分强调照章办事，使组织成员的行动长期受到规则的限制，员工变得墨守成规，无法应对新的情况和问题，变得毫无弹性，组织的目标和效率都可能因此丧失。员工因循守旧、谨小慎微、眼界狭窄，缺乏主动性和创造性。

2. 本位主义

层级制组织强调分工的明确性，虽然各司其职，但是也会造成彼此协作上的欠缺，出现事不关己、高高挂起的现象以及形成踢皮球的作风。本位主义也是出现利益冲突和沟通障碍，阻碍组织发展的一个方面。

二、毫无效率的流程

企业内部通常都会遇到这样一个场景：

a. 两周前就申请了，现在仍没有结果，到底审没审批。

b. 申报跟客户签订的合同，结果没等到审批，客户早就找别人签了。

c. 不了解他们所做的事,为何一直需要来审批。

企业内部对这样的抱怨应该不绝于耳,甚至连几十个人的小企业申请一件事也是耗时较长,相关和不相关的人都要签字。主管签完交给经理;经理签好交给总监;总监签完又直接提交到副总;副总写上"呈报总经理审批"又到了总经理;总经理眼都没抬一下,要不写上"同意",要不直接放在桌面上挡灰尘……原本一个小流程审批表,好像落叶一样被风吹雨打,最终要么被丢弃,要么埋葬在土里终不见天日。

为何众多企业会出现这种"裹脚布"流程呢?

1. 基层人员:没权限

对基层人员的授权管理是企业管理中的一件小概率事件。基层人员遇到问题第一时间就是上报,上报后就是等待,很多员工对于工作因此无精打采和责任丧失,失去了投入感、方向感。大家只能都集中精力去规划周末和年假的事项,其本源是授权体系的问题。

2. 中层管理人员说:等领导拍板

原流程设置了中层管理者,上面仍然有上级需审批,大家就将所有事项全部堆到领导面前。其本源除了授权管理以外,责任管理也是一项待建设的问题。

3. 高层管理人员说:是要审核的

很多高层管理人员是集权制,不仅牢牢控制自己的权力,还要去争权。导致很多流程不得不通过高管允许才能通行。高层治理是这一个层面的主要问题。

4. 老板说:对他们不放心

事无大小,都必须经过老板的同意,则会出现:老板要么累死,员工要么闲死或忙死。这是过度集权管理和领导力的问题。

流程优化的意义之一就是令点对点中的每个环节都有增值,否则这个环节便可以不要。过多的行政审批可以集中开会解决,流程本身应该是减少沟通成本的,为原则和制度保驾护航,流程审批的过程是一种遵守规定的流动,审批本身是一个合规的过程,不是在行政权威中流转的过程。这种毫无效率的流程只会阻碍组织发展,是组织“高胆固醇”的一个重要指标维度。

三、阻碍发展的专制集权

很多传统企业都是老板的“一言堂”,开会的时候都是“老板讲,员工听”。还有一些家族企业也会形成小的专制团队,这种组织形式有利有弊。而在组织发展的当下,显然是弊大于利。“一言堂”现象今天仍会出现在一些企业里,特别是在一些“一把手”的高管中大量存在。这种现象主要表现在以下3个方面。

1. 选人一句话

很多企业对于任免有一定的规定,但同时也有一些“一把手”将制度和程序玩弄于股掌之间,先拍板后走程序,把自己的意图最终变成高管团队甚至全员的决定,使制度和程序形同虚设。

企业管理的可怕之处就在于制度的建设者,同时也是制度的破坏者。“一把手”实际掌握着用人权,在人事任免上“就是一句话的事”。所以,专制集权会导致腐败和虚报。员工对于“领导”的理解就会产生较大的误差,对于晋升不会抱有较大的希望,对于业绩的热情会转换到服务领导的热情上。

2. 开销一支笔

很多企业的财务开支仍实行老板“一支笔审批”的制度,由“一把手”进行审核签字,再由财务人员据以报销。由于“一支笔审批”缺乏监督,有些“一把手”利用手中的审批签字权进行个人及家庭的消费,企业赢利和个人财富分不开也是现代企业发展的一个比较大的瓶颈,根本原因在于高管本身的自我认识。高管团队不与员工“争利”,追求且获取企业增量的剩余价值,在既定收益和存量收益中划出自己的“小金库”,显然伤害的是企业本身。

3. 决策一张纸

在这类企业中,决策过程中独断专行、一个人拍板、喜欢“拍脑袋”的现象屡屡发生。很多人一意孤行,把企业发展或决定随意当作个人的“命令”或“决定”。于是出现了许多“红头文件”随意荒唐,甚至违法。笔者见过有些企业的合同文件里出现了很多“企业自身的宣传标语”,还有些制度文件里专门规定员工听领导讲话必须鼓掌等。何以会屡屡出现如此荒唐的规定呢?究其原因,正如一位中小型企业老板所讲,“做的决定,99.99%都不会有人反对;反对的,其他人也不敢赞成。”这可以说是一些家长制领导者在决策问题上大搞“一言堂”的生动诠释。

企业再发展,要引进投资人、引进社会上更精英的人才甚至合伙人时,就不得不把决策权开放给他们,只有这样才能把企业一起做得更大更好。按德鲁克的说法,企业的权益是股东所有,管理是全员共同参与控制,利益是社会共享。换句话说就是,这个企业不是老板一个人能做成的,而是多数人共同做成的。所以企业家的领导力里就有一种胸怀,海纳百川、群策群力,才能使企业基业长青。

四、不曾执行的制度

有句话叫“企业管理制度好定,但执行起来麻烦”,不完全执行的制度有三种表现,可以分为三类。一是制度弱化,二是制度虚设,三是制度休眠。

1. 制度弱化

这种情况下制度编写目的看似清楚,但到了关键环节总是模糊化,“按照有关规定办理”“请相关领导批示”等简单的词句即宣布了制度只是一堆纸而已。这类制度是在行政权威下进行了简要规范,制度本身的刚性彰显不出来。这种制度运行时会出现先天不足的气力,处处羸弱,但是制度仍在组织中运行,因此叫作制度弱化。

2. 制度虚设

很多企业将管理制度摆在显著位置上，甚至挂在墙上，但人们视而不见，并不一定按制度办事。比如常见的生产企业管理制度，或厚厚的一大本放在架子上，或镶在框里钉在墙上，人们权当其为烦琐的文本，凭借经验和约定俗成的方式去做事显然比制度更有效。还有一种情况是制度制定超越了管理的本身。笔者之前遇到一个企业在实施绩效的时候，运用平衡计分卡作为考核工具，结果大家都没能领悟和掌握这一工具，制定出来的制度更是不知所云，从而造成了制度虚设。

3. 制度休眠

这类企业管理制度像休眠火山一样，长期没有喷发活动，但还是属于喷发的火山，因此这类制度在执行时首先会表现出时间分布上的规律性。一段时间内集中做企业文化活动，员工必须着正装，但是过了一阵后就不用了，有些人总是会在办公室里放置着以防万一。再比如企业规定的打卡制度，一开始的时候严格执行，迟到一分钟会惩罚，之后总有一类人会特殊处理，后来大家都不遵守了。突然有一天老板来得较早，发现大部分人都迟到，又开始严格执行考勤制度。制度休眠还表现为在不同员工分布上的规律性。同样的制度，对有的人或一类人紧一些，对有些人就松一些。通常表现在预算管理制度的执行，同样的部门，同样遇到预算费用超支，不同部门总监获得领导签字同意的可能性便会不一样。这个时候预算制度就并不严格，往往会说“制度是死的，人却是活的”。还有一种制度是长时间休眠的状态，笔者遇到过一家大型国企在进行制度整理时，惊讶地发现很多制度没有被废止，也就是说某种程度上还处于正在执行的状况。比如有些福利政策制度有些人还在享受，但是新来的人根本不知道还有这样的制度。因为很多时候并未严格标明“此制度出台，原制度废止”之类的语句，即使标明了，也忽略了那些“原制度”。

还有一类制度在颁发之日就是休眠之始。比如某个部门出于解决某个问题的目的，出台了一个又一个严厉的规定，因为这个制度根本解决不了问题，或者是因为脱离实际，或者员工反感，颁发之后简单传达，或者根本不传达。那么这一部门出台的这一系列制度,从理论上来说除了最后一个之外,其余的均可被称为休眠。

企业管理制度总是失效是很多企业的沉疴宿疾。但是这一点很多高管不认同,认为制度失效的根本原因在于员工本身素质低,或者是缺乏执行力,而忽略了制度本身和系统规划。

组织胆固醇固然阻碍了变革发展,同时也指正了问题所在,在改革优化中有的放矢进行成本的"康复治疗",并利用管理工具、组织干预以及精神领袖等管理方案,也会对降本增效起到立竿见影的效果。

第三节　组织成本应用五大策略

在组织成本的应对策略里有五项内容,如图4-3所示。

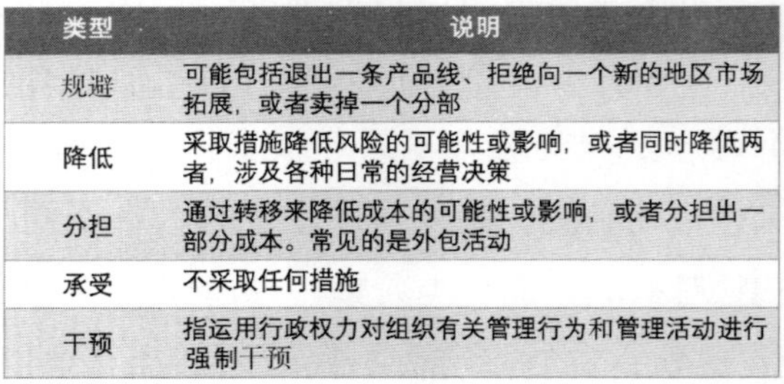

类型	说明
规避	可能包括退出一条产品线、拒绝向一个新的地区市场拓展,或者卖掉一个分部
降低	采取措施降低风险的可能性或影响,或者同时降低两者,涉及各种日常的经营决策
分担	通过转移来降低成本的可能性或影响,或者分担出一部分成本。常见的是外包活动
承受	不采取任何措施
干预	指运用行政权力对组织有关管理行为和管理活动进行强制干预

图4-3　组织成本应对策略

一、规避策略是及时切除成本"肿瘤"

规避是指某条生产线或产品线不做了,规避掉不要了。裁员并不是规避,而是成本降低策略。

1980年,我国第一次全面引进集成电路生产线。很多人认为这是美国和日本淘汰掉的生产线,我们不应该用,但对于当时我国的情况,却是先进的。20世纪80年代,中美、中日交流日益频繁,中国开始兴起第一波大规模技术引进潮。

2005年12月8日,中国IT业巨头之一联想公司宣布以12.5亿美元收购IBM的个人电脑业务。有篇文章标题为,联想为何要接盘美国垃圾企业,引起一系列的负面评论。其实,从商业角度来看,无所谓垃圾与否。各自获得自身价值的增长就是最大的商业成功。从交易双方来看,一方面要规避成本,另一方面要获取用较低的成本实现高价值的商业行为。这种组织间的并购和重组每天都会上演。

规避策略是转向更简单的、资本密集度更低的,或者更简便、更灵活的技术过程。同时也可能寻找各种途径来避免使用高成本的原材料和零部件。也有一些企业使用"直接到达最终用户"的销售策略,从而削减由于中间商而产生的成本费用。

有的应用到营销层面,抛弃那种"定制式营销"的经营方式,将核心集中在有限的产品或服务之上,以消除产品或服务中的各种变形所带来的活动和成本。更有前瞻性企业,会再造和更新业务流程,从而统一和联合一些工作步骤,去掉附加值很低的活动。

二、降低策略是日常各种决策实施

降低策略是指在日常工作中,通过节约原材料消耗、降低材料购买率、减少人员投入、降低人员工资等方法,将成本降低。有些企业通过简化产品设计,利用计算机辅助设计技术,将各种模型和款式的零配件标准化,转向"易于制造"的设计方式,这也是降低策略。还有的企业削减产品或服务的附加,只提供基本的、无附加的产品或服务,从而削减多用途的特色和选择。还有的企业利用电子通信技术减少笔头工作,减少打印和复印成本,通过电子邮件加快通信,通过电视会议减少差旅成本,通过企业的内部网络来传播信息等,这些都属于降低策略。

由于疫情的冲击,很多中小企业都面临着现金流紧缺的问题,很多企业文化都改成"活着就是王道",极致地降低成本,保住现金流是重中之重。

不可否认的是,人力成本仍然是中小企业最主要的压力。所以,很多企业会选择裁员。比如一些企业在复工第一天宣布裁员20%,更甚的企业是全部裁员。作为降低成本的替代,降薪是被很多企业采用的方式,目前已经有部分大企业采取了降薪措施,有一家企业规定全员每月有5个工作日无薪休假,员工每个月少拿1/4工资;员工可以申请留职停薪,企业会在情况好转后再逐步安排复工;董事是0月薪,核心管理层降薪40%,一般高管降薪30%,海外高管可以提请无薪休假。

三、分担策略最常见的就是外包行为

分担策略里最主要的就是外包活动。对于寻求成本结构转型的企业而言,外包是一种重要的手段。它能够让企业将必须处理却不属于差异化的业务流程转给具备专业经验的外包服务供应商,从而降低成本,改善服务水平,保证核心竞争力提升。供应商提供信息技术服务平台、应付账款和薪酬等职能服务,利用技术平台、流程经验、标准化、持续改善等手段提供价值。

外包是一种契约关系,外包的力量也来自广泛的专业内容。从调研、研发、销售到职能服务,企业价值链上任意环节都能外包。但是大家习惯把一些基于规则的重复性劳动外包出去,这些工作可以远程处理,且外包商群体高度成熟、经验丰富。比如基础会计、福利管理、信息技术、产品生产、仓储环节等。很多大型企业在非战略性客户的销售环节,以及不牺牲客户的情况下实现更低的成本。

如何判定外包的价值主要有3种途径。

(1)是否将固定成本变成随某个变量的波动而变化的可变成本。

(2)外包供应商在行业是否具有高度的竞争力,能够通过成本、经验、规模和平台来解决自身企业问题。

(3)是否借助外包商在战略上取舍选择,核心竞争力逐步上升。

四、承受策略是团结更多凝聚能力

2020年被称为餐饮行业最严峻的一年,78%的餐饮企业营收损失达

100%以上,贷款发薪的西贝,按兵不动的海底捞,硬核撕信的老乡鸡……西贝发力做起线上业务,老乡鸡在企业复工潮中“回血”,海底捞一声不吭,估算用50亿的损失,来保护8万多名员工,这些都是很难坚持下来的企业,但是回报也是巨大的。

如果在成本策略中选择了承受,那么一定要面临一个词汇:最大可承受成本。不仅仅是企业,也包括工作和生活,如果能搞清楚自己的最大可承受成本,就没有那么多纠结,且有极大可能换来预期的进步和收获。

五、干预策略是积极努力解决问题

要积极地解决成本问题,就是干预策略,具体有以下5种常见的干预方法。

1. 结构干预

通过有计划地改革组织的架构,改变其管理层级和管理幅度、汇报关系和集、分权的干预技术,是影响工作行为和员工关系的重要方法。结构干预也是近年来较为流行的方法,各大企业都积极立项,进行组织架构调整。

2. 人文干预

通过沟通、决策制定和问题解决等方式改变组织成员的态度和行为的技术,主要包括敏感性训练、调查反馈、质量圈、团队发展等。

3. 全面质量管理

组织以质量为中心,以全员参与为基础,目的在于通过顾客满意和本组织所有成员及社会受益而达到长期成功的管理途径。在全面质量管理中,质量这个概念和全部管理目标的实现正相关。

4. 流程干预

在传统以职能为中心的管理模式下,流程隐蔽在臃肿的组织结构背后,部门间沟通壁垒严重,流程运作复杂、效率低下、顾客抱怨等问题层出不穷。在组织发展思维中,为了解决企业面对新的环境、在传统以职能为中心的管理模式下产生的问题,必须对业务流程进行重整,从本质上反思业务流程,彻底重新设计,以便在质量、成本、速度、服务上取得突破性的改变。

5. 人力资源干预

人力资源干预是人力资源管理技巧的创新或改善。导入最新的工具和方法,在选拔中更关注技能和经验,重新设计任务和激励机制等都属于人力资源干预。

第四节 组织成本优化从职能拆解开始

一、组织架构设计与管理成本控制

一家产品型企业由于商机把握恰到好处,很快进入高速发展期。为了尽快布局全国市场,企业的销售竞相在全国开设办事处甚至分公司。总部也适时给出了渠道和激励政策,一年内全国共成立了32个办事处。第3年的全国办事处已达150多家。由于办事处的增加单靠销售部已无法实施有效的管理,一方面大部分的办事处销售额并不稳定;另一方面办事处过多也带来了诸多当地人员招聘、销售定价、销售回款等问题。虽然企业产品的总销售量一直在增加,但由于办事处管理的混乱,企业费用支出过高,企业增量不增利。

这个时候,第一阶段的组织设计就被提上日程。这次主要目的是合理管理和控制办事处的成本,企业决定采用区域事业部制度进行管理和控制,共成立了华北、华东、华南、华中、西南、东北和西北七个区域管理事业部。区域事业部被授予了一定的权力,并配备了行政、人事、财务、营销等职能工作人员。调整后各区域事业部、办事处间互相压价、争夺客源的行为也得到了有效的遏制。销售管理工作步入正轨,之前的问题也得到解决。

区域事业部成立之初缓解了矛盾,但是运行一段时间后,另一个成本问题浮出水面,因为有华北、华东、华南、华中、西南、东北和西北七套职能管理机构,管理费用和人工成本支出巨大。企业为了降低管理费用和人工成本的支出进行了第二阶段的组织设计。此刻成立了营销中心,并将七个区域事业部全部回到企业总部合并办公,与原有的区域事业部相比,企业将人事和财务收为营销中心统一管理。经过这一次组织设计,管理机构人员得到了优化,企业对销售费用和人力成本的控制进一步加强。

组织设计是组织发展的基础工作。组织设计能让人力资源管理更加清晰,通过部门规模、岗位编制、人员规模和人力成本规模控制能够实现成本管理。组织的任务是由人完成的,企业的组织架构决定了企业各项工作和管理活动,也是管理流程的基本保证,并直接影响组织成本和员工的效率。

二、组织设计中两个重要成本参数

比如我们说同样是裁员问题,从人力的角度来说,哪些人可以裁掉,需要去做人才盘点。从组织角度,要看管理层级和管理幅度这两个概念,如图 4-4 所示。

主要考量内容	主要考量结果
管理层次	管理人员分管职能的相似性、授权范围、决策复杂性、指导与控制的工作量、下属专业分工的相近性等
管理幅度	工作的复杂程度、需要监管的程度、人员素质、部门间平衡等

图 4-4 管理层级和管理幅度

在组织条件不变的情况下,管理幅度与管理层级通常成反比例关系,即管理幅度宽,则管理层级少,反之亦然。管理幅度和管理层次设置的合理程度极大地影响组织效能的发挥,因此,必须实现两者的适度搭配,这是组织实现有效管理的重要前提。

管理层级是组织的最高主管到作业人员之间所设置的管理职位层级数。当组织规模相当有限时,一个管理者可以直接管理每一位作业人员的活动,这时组织就只存在一个管理层次。而当规模的扩大导致管理工作量超出一个人所能承担的范围时，为了保证组织的正常运转，管理者就必须委托他人来分担自己的一部分管理工作，这使管理层次增加到两个层级。随着组织规模的进一步扩大，受托者又不得不进而委托其他的人来分担自己的工作，依此类推，便形成了组织的等级制或层次性管理结构。

管理幅度是一名领导者直接领导的下属人员数。任何领导人员，因受其精力、知识、经济等条件的限制，能够有效领导下级的人数是有限度的，超过一定限度，就不能做到具体、有效的领导。一个领导者能直接有效领导的下属人员数，称为有效管理幅度。

如图4-5所示，在不同组织模式中，随着管理层级的增加，管理幅度发生变化，组织效率的价值体现也是不同的。随着企业规模的不断扩大，管理越来越复杂，如计划制订、财务核算、人力资源、材料采购、生产工艺的改进、销售、售后服务、内部沟通、企业文化建设等，也会增加相应的管理者。管理者不但要通过人力资源管理、财务管理这类辅助活动来解决产品采购、生产、销售等基本活动效率的问题，还要解决辅助活动之间的关系问题。但是管理层级的增加必然导致组织效率降低，成本增加。

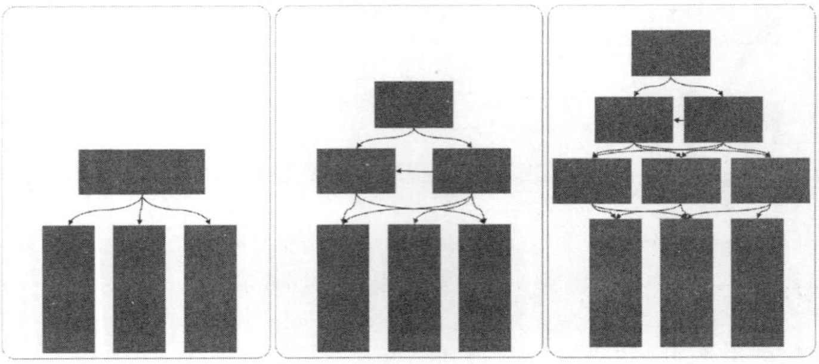

图4-5　管理层级和管理幅度影响组织沟通成本

可以看这样的一个案例，1个36个人的部门，如果有3个管理者，会有两个管理者各自管18个员工，当有3个层级的时候，可以设置6个小组长，每个小组有6个人，这样的情况和一个人管理18个人的情况相比，可能更合理、更有效，如图4-6所示。

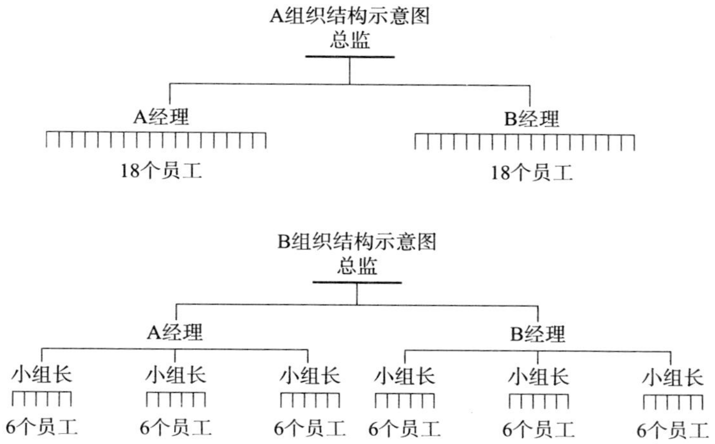

图4-6 管理幅度对纵向性差异的影响

三、削减组织成本3步法

管理层级和管理幅度不能代表完整的组织,组织还有一个特征就是职能化,很多人会面临组织职能不清的问题,此时,大家会非常疲惫,而且会造成一种浪费。学习过组织相关知识的就会知道,职能不清有两层含义,一方面是职能分解不清,另一个方面是职能分配不清。第一个方面是组织职能分解的问题,第二个是职能和人之间匹配的问题,这两点做到了,才是职能具体实现、组织浪费最小的时候。

在组织层面,削减组织成本有3大步骤。

1. 确定组织职能诊断模型

职能诊断前要先做一下职能盘点,职能盘点是在基本职能设计的基础上,将企业应该具备的各项基本技能进行厘定和分析清楚的活动。职能盘点是组织职能诊断的前奏。

企业在组织诊断时,会设置多个维度,要注意各维度的独立性,各维度之间是否能够形成有效的结构。在维度方面需要确定标准、准确、关注细节和避免重复交错诊断。比如组织结构诊断时,一般分为职能结构、层次结构、部门结构、职权结构四个独立方面，而各个方面之间能够确保组织结构的完整性。

而当将各个方面细分时，还应该注重维度的独立性。比如在职能结构方面中的维度，可以细分成为职能缺失、职能错位、职能弱化和职能交叉四个维度，如图 4-7 所示。

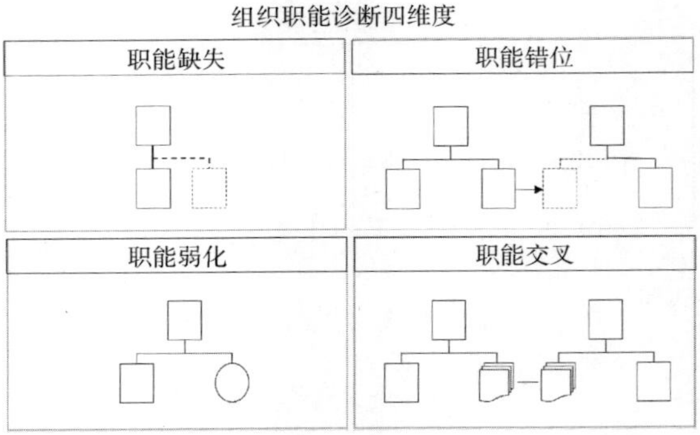

图 4-7　组织结构分析四方面

(1)职能缺失：某些部门的职能设置存在关键业务能力的缺失。

(2)职能错位：某部门承担了其他部门应有的业务能力。

(3)职能弱化：某些职能部门的业务能力不足以支撑业务的运行。

(4)职能交叉：某部门应有的业务能力分散在两个或两个以上的职能部门。

当诊断前期工作做到此的时候，便可以将调查问卷、访谈、资料收集中获取的大量信息进行有目的地分类、统筹、整理，将发现的问题逐个归结到所属组织的不同维度中，形成完整的组织结构诊断报告。经过维度的划分，可以厘清思路，将混杂在一起的问题厘定理顺，就好比从一团乱麻中理出一条主线，然后再一步步将支线厘清。这也是诊断逻辑思维形成的主要过程。

2. 进行组织职能分解

组织职能分解其实是组织资源的关联性。有些职能对组织、对现有的资源,从成本角度来看,并不绝对关联,这个时候可以省掉。职能分解是在基本职能设计的基础上,将企业应该具备的各项基本职能细化为独立的、可操作的具体业务活动。进行职能分解的时候,应该熟悉特定企业生产经营管理的实际情况与经验。在此基础上,运用组织理论的基本知识,采取逐级分解的方法,即可完成职能分解的任务。

组织职能分解之后,结合组织诊断内容,能够形成组织职能诊断图,如图 4-8 所示。这样就能清晰地看到各种问题,为成本管理做出应有的分析和决策准备。

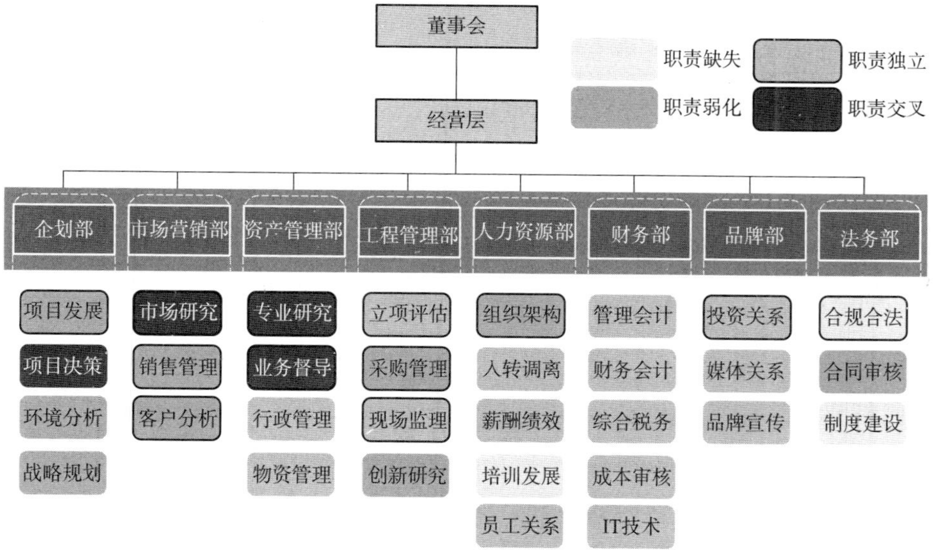

图 4-8　组织职能分解的结果

大体的职能出来之后,马上就会形成岗位化,岗位的确定相对来说比较容易。但是会有一个误区,似乎一旦画出来就是直线职能型,这是完全不一定的,不要把惯性思维套进来,有很多组织是可以去选择的,比如某些职能是否可以用事业部来实现,在成本的需求中,不同产品之间和职能之间存在着一种相互的关系,当改变了一些职能的时候,就会导致另一个职能发生相应的变动。所以,需要诊断和分解这些职能是不是有交叉,是不是有重合,是不是有错位等现象，然后让这些现象反映出根本的问题，最后进行调整。

自古以来变革就不是一个人的事情，一个人去变革，没有发动广大的群众，没有自下而上的一种整体性变革，往往会失败。成本管理也是这样，只有当组织职能标准化的时候，效率才能上升，成本才能降低，比如富士康和丰田这样的企业，去参观他们工厂之后，会发现他们标准化程度非常之高，任何人来了之后，经过一系列的培训就能胜任，这就是标准化的力量来代替人的出错。当工作足够标准，一个人形成了肌肉记忆的时候，出错率便会大大地减少。当然，因为标准化足够高的时候，很多自动化和智能化的工厂便会得以普及，这就是发展的必然。

3. 组织职能优化策略

有家企业收购了很多公司，投资一些新兴领域来布局企业发展战略，这个时候发现职能必须要进行合并，因为总公司发布一些战略性规划文件的时候，下达到这些投资的公司中，会非常零散，承接文件的部门千奇百怪。职能盘点诊断过后发现，收购公司原来的机构承接战略发展职能有很多机构，有的公司叫发展研究室，还有的在资产管理里面也有战略发展职能，还有法律商标部门也有一些战略的职能，当然这肯定是历史原因造成的。

通过这样的分析，就知道要进行职能整合了，如果不整合，会发现效率低下，成本巨大，政出多门。随后，在总部成立了新的机构，叫战略发展部，有两个管理者，一个是总监，另一个副总监，共同带领下面员工和部门。总部尽量精简，战略规划、新业务发展和信息技术三项职能归为战略发展部。然后开始规划岗位编制，这也就是管理层级和管理幅度的设置，最后确定为33个编制。

管理大师彼得·德鲁克说："企业家就是做两件事，第一是营销，第二是削减成本。其他都不要做。"削减成本是企业所面临的永恒主题，成本的高低关乎企业的生死存亡。削减组织成本可谓是中高层管理人员首当其冲需要关注的问题。

| 第五章 |

要务3:组织流程重组瘦身健体

第一节　业务流程梳理:提升可见绩效

一、作业流程不同,成本也大相径庭

当我们剖析成本的时候会发现,要从根本上管理和控制成本,就要对成本有一个详尽的认知,成本不是财务报表上那几个冷冰冰的数字。当一个企业用较复杂的流程模式和作业细则来执行工作的时候,成本高低已经从根本上确定了。大企业为何不停地进行流程再造、组织重组,其原因就是要克服自身的"大企业病",也就是越大的企业,越存在更多的浪费。

要从根本上降低成本,对流程进行优化再造是不二之选。

降低成本,我们常常用"砍"这个字,这种说法一直很受大家欢迎,这也是思维惯性,仅仅把成本理解为资源消耗的货币度量,而忽略了其他消耗资源的方式。近年来,国家一直致力于规范和改进行政审批的措施,提倡一个窗口统一受理,从而提升政府公信力和执行力。这样做,效率是可见的,成本也大大降低。

成本的本质是资金占用,影响成本高低的根本因素就是资金占用量和资金占用时间。很多企业内部,明明很简单的一件事情,领导都要考虑,好像多拖几天,就显得自己权力很大。如果在整个经营活动中,没有占用企业的任何资金就完成了采购、生产、交付、回款和付款整个经营周期,那么,我

们可以认为企业的成本是零。

从以上分析，降低成本的基本策略是通过优化组织流程，尽可能减少资金占用量和缩短资金占用时间。也就是说，降本增效有一个必然要实施的项目就是流程管理。因为流程优化再造的根本目的之一就是流程加速，尽可能地缩短流程的运转周期，从而从根本上降低成本。

二、以客户需求为中心才会让组织流动起来

既然是加快流程，那么很多企业管理者就开始梳理招聘、请假、报销等流程。其实流程按照处理事务的对象不同，可分为管理流程与业务流程。管理流程一般指战略、人力、绩效等面向内部客户的流程，其典型特点是由于外部相关性小，因此比较灵活、易调整。业务流程具体指市场、销售、生产、供购、研发等企业核心流程，其特点是外部关联性大，与客户、供应商、甚至竞争对手均密切相关。

相比之下，管理流程相对简单、可塑性强、影响较小，业务流程则较为复杂、受限较多、牵一发而动全身，一旦出现方向性错误，后果往往比较严重。因此在企业流程改善活动中，实施人员往往避重就轻，仅对管理流程进行梳理优化，如在管理流程中增加或删除一个审批环节等，而对价值较大的业务流程却视而不见。

企业如果想通过流程改善取得降本增效的结果，主要途径是关注业务流程，通过运作水平提高来获得客户认同。例如，通过研发流程的梳理与改善，加快产品的研发速度、降低产品设计成本、提高产品设计质量等；通过采购流程的优化，提高采购性价比，降低采购成本，并建立及时的供应体系；通过生产流程的优化，增加生产的有效产出，在交期、质量、成本等方面进行突破；通过市场及销售流程的再造，利用新技术提高客户满意度，增加企业的盈利水平。

业务流程优化的重要性要远远大于管理流程，必须予以高度重视。那么业务流程的改善从哪里开始呢？就是在组织外部，经常被忽略，又极其重要的客户方，只有以客户需求为中心才会让组织流动起来，才能真正提高企

业的供应链效率,提升客户满意度,最终使企业获得更大的竞争优势。因此,以客户需求导向的流程优化降低成本的方法,从根本上来说可以分为两大类。

1. 降低业务流程运作的无效资源占用量

首先要考虑的是如何降低由于质量不合格、库存等因素造成的一切无效占用。因为客户需求越快越好地满足,才是企业获取竞争优势的核心。当一个客户拿到的产品是残次品的时候,退换事情频繁发生的时候,流程自然就多了起来,成本也会成倍地增加,而满意度却极度下降。

2. 缩短业务流程的运作周期,尽可能减少业务运作对企业的资金占用

组织是一个社会实体,现代具有明确的目标导向和精心设计的结构以及有意识协调的活动系统,同时又与外部环境保持密切的联系,与外界形成一个整体,只有这样才具备当代组织的灵活性。传统的组织则不是这样,传统的组织有订单管理,有订单的销售部,产品输出的有产品部,售后的有售后部,这样的直线职能型的组织有天然的弊病,便是部门墙,部门墙如果很严重,会导致各自搞各自的订单,在算完之后,发现没有与客户直接沟通,得到的都是二手信息,设计完交付之后,售后不知道这个前端究竟在做什么,售后也非常痛苦。但是,最痛苦的莫过于客户了,开始的时候是销售员,后来是产品经理,最后是售后员,这几个人来来回回,客户满意度是最差的。所以,如果以客户为中心的组织就应有人去对接能对接的全部资源,权力也大,能够把客户所有的想法定制化地实现,这样不仅企业自身减少了没必要的麻烦,也让客户更加满意。

华为在这方面给了我们一个非常好的领先模式:铁三角模式。客户经理、方案经理和交付经理,他们构成了铁三角,然后直接服务于客户,直接服务于客户的需求,能够及时得到响应和满足。

所以以顾客需求为中心的组织是什么?是以客户的需求和满足为己任,进行流程循环,然后所有后端的行为,统统围绕着这个大的循环去运转,这便是以顾客为中心的组织。如图5-1、图5-2所示。

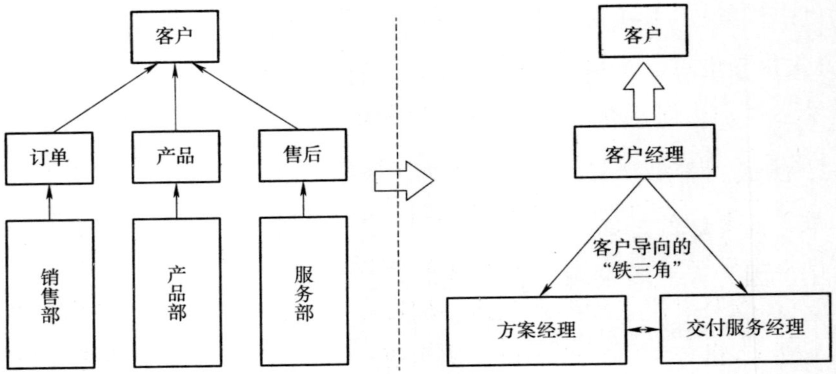

图5-1 华为铁三角示意图

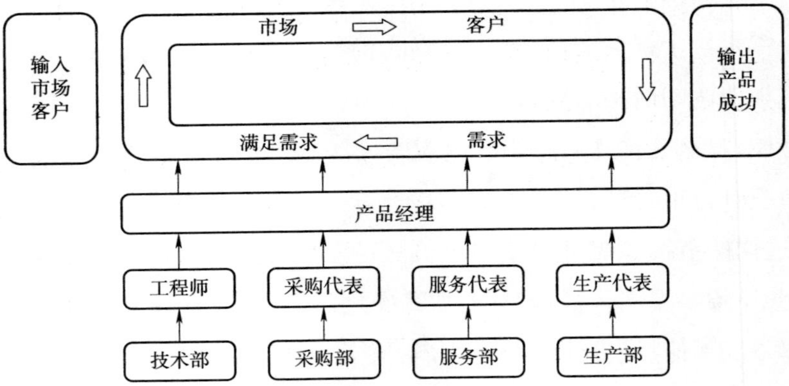

图5-2 以客户为中心流程循环示意图

三、降本增效从业务流程梳理开始

企业通常对流程梳理的需求比较多,而且很多企业对梳理性的工作特别感兴趣,任何问题都需要流程梳理来解决。很多时候企业因为遇到流程问题,就想看看现状到底是什么情况,逻辑没有问题,但是做的很多工作都聚焦在梳理这个阶段,忘记最终流程梳理是演变成为一个流程优化项目,而不是聚焦在流程梳理项目上。

流程项目实施通常有四个核心工作:流程梳理、流程优化、流程再造以及流程体系建设,在这四个工作中,实践中普遍倾向于流程优化与流程再造,而没有意识到流程梳理与流程体系的重要意义。对于国内企业,特别是民营企业,经过多年的快速发展,很多企业已经颇具规模或者走到了行业前列,企业管理重点已不再是捕捉机遇,而是控制经营风险,而控制风险最直接的手段就是流程显性化、可视化。流程梳理就是把隐性流程显性化的过程,一般来说,流程并没有有无之说,只有显性与隐性的区别。任何企业的客户需求满足,都必须通过企业各部门一系列的活动配合完成,因此企业无论是否实施过流程项目,其流程都是客观存在的,一些企业声称自己没有流程,也仅是没有可供管理的显性流程而已。流程体系建设是在流程梳理、优化的基础上,将各个流程按照业务逻辑进行整理以及管理,以便进行持续改进。流程体系是岗位职责梳理、KPI 制定以及信息固化的依据,流程体系的建设也为管理标准化奠定了基础。因此,在实践中,流程再造与流程优化的工作必须与流程梳理和流程体系建设统筹考虑,密切结合,否则就会出现事倍功半甚至事与愿违的结果。

流程优化和流程梳理两者是不能分开的,但是两者有促进关系更有所偏重。之所以做一些流程梳理的工作,其目的是让模糊的流程路线,还有一些职责能够更清晰化。但是流程优化,重在提高流程的效率和效益,企业在做流程的时候,应定位在创造更多的绩效上。在流程梳理的过程中,不要犯了为了梳理而梳理,尽量去优化提升效率,从优化的角度去实施。

换言之,不要把流程梳理泛化,不需要梳理所有流程,至少在流程梳理过程中要满足二八法则。比如开会是一个流程,考勤也算是一个流程,这都是符合流程要素的,考勤它是由一连串相互作用的活动而组成的,员工打卡是第一步,第二步是考勤的专员收集考勤数据,第三步是异常问题的处理和特批,最后一步就是考勤专员把数据发给薪酬专员,它是有完整的输入和输出的,但这个流程就无需做流程梳理,或者是在优化中就不应该出现这类流程。因为本身这个流程就非常明晰,而且是可以用普通行政流程系统来控制的。所做的流程优化就应该是以业务调研为先,进行绩效的节点创造,这个期间的过程是很简单的。流程梳理是为了创造更多的绩效,哪怕是效率型的绩效。所以说顺理成章地接第二步就可以建立流程体系,流程体系相对简单,主要是设计流程图,然后优化流程的结构。然后是界定流程,最后是整体的优化，所以说流程项目千万不要做成梳理项目，一定要做成优化项目。流程是牵一发而动全身的东西，所以流程梳理的过程中可以把流程管理文化和管理体系相应建立起来。打造好的流程性文化，大家主动去遵守流程的权威，让所有人都知道流程管理文化在流程过程中的意义，在整个过程中树立好以流程为标准的文化，这对流程管理文化的推进项目是非常有益的。如图5-3所示。

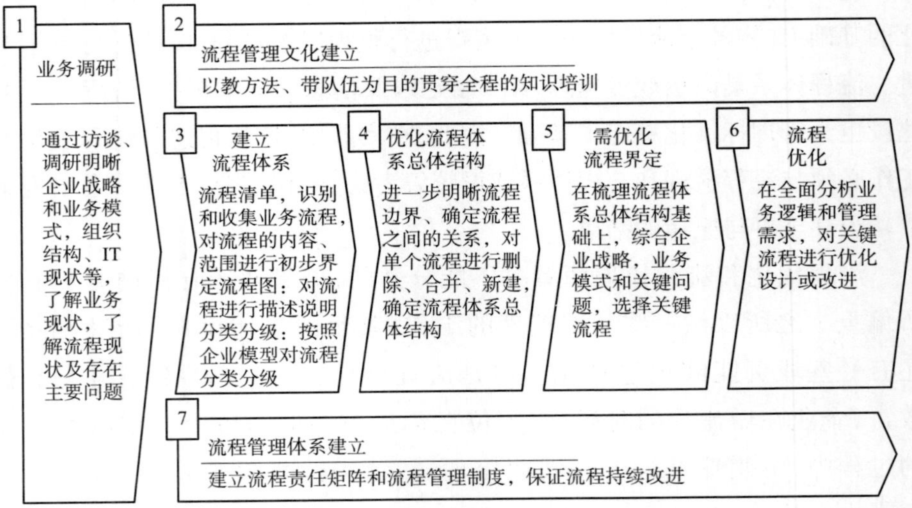

图5-3　基于业务流程的组织变形示意图

一个流程优化的方案，其重点是把所有的职能梳理出来，不是把部门放在上面，不是把销售部、技术部、库管部等部门放在上面，而是重要的职能做优化，梳理的是职能，而不是部门，通过流程的梳理，重新部门化，是优化的一个主要目的。

然后重新梳理流程，比如销售的流程，销售和技术之间的衔接，以及仓库采购生产，整体流程化，此时就会有一个大的流程战略出现。在流程之后，再细化和优化，做二级流程的时候就会非常方便。所以说流程最开始的时候应该出现一个大图，即整个公司的战略流程图，这样的话会对流程有更多更深的认识。如图5-4所示。

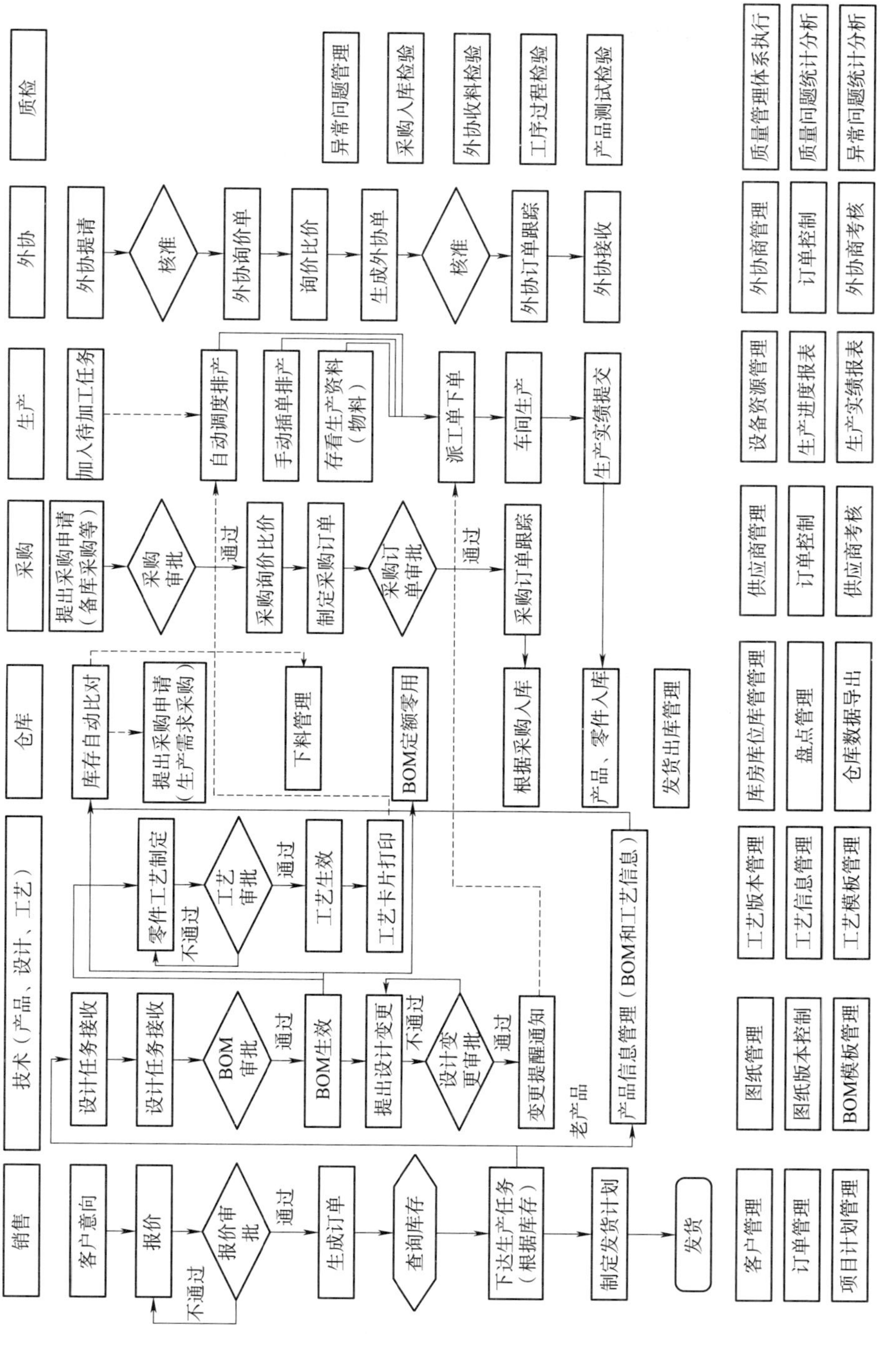

图5-4　某公司销售流程示意图

四、业务流程重组的主要内容

业务流程重组指通过对企业战略、增值运营流程以及支撑它们的系统、政策、组织和结构的重组与优化，达到工作流程和生产力最优化的目的。强调以业务流程为改造对象和中心，以关心客户的需求和满意度为目标，对现有的业务流程进行根本的再思考和彻底的再设计，利用先进的制造技术、信息技术以及现代的管理手段，最大限度地实现技术上的功能集成和管理上的职能集成，以打破传统的职能型组织结构，建立全新的过程型组织结构，从而实现企业经营在成本、质量、服务和速度等方面突破性的改善。

业务流程重组的内容，也是所创造绩效的部分。很多人会问如果去做业务流程优化了，怎么再去创造绩效？这里需要说明，如表5-1所示，陈述出来很多绩效优化的点，所以首先就是清除或者减少无意义的节点，其次在这个过程中自然会产生很多绩效。

表5-1 业务流程重组的主要内容

清除/减少	简　化	整　合	自动化
过量生产	表格	工作	乏味工作
等待时间	程序	团队	数据采集
运输	沟通	顾客	数据传输
加工	技术	供应商	数据分析
库存	流程		
缺陷/失误	问题区域		
重复			
转换格式			
检验			
协调			

比如在生产量上等待的时间，运输加工库存，包括一些失误率，这都是所说的单向绩效，然后还有重复情况，这也是绩效的优化方向。简化过程中就是做减法的简化，甚至要做一些除法。比如一些表格是否可以简化掉，企

业里面需要填的表格很多,可以用一张大表统计出问题,然后剩下的采用支表。很多流程的项目就是简化表格的过程,用一张大表来解释所有的表,然后依据大表进行分解,这样的话会简化很多工作,创造出更多绩效来,最直接的影响就是时间缩短了,重复率减少了。所以说简化在企业中尤其在流程梳理过程中是非常有价值的一项工作,再加上一些程序沟通技术技巧,会使流程更加完善和系统。

还有一种流程干预就是自动化,自动化是前几年的叫法,现在称为智能化。一些重复率比较高的工作,能够用智能化去解决,数据的采集、传输工作,包括数据类的事情,都可以用软件甚至人工智能来完成。科技发展到今天已经非常发达了,要充分拥抱科技产生一些赋能情况,这都是在业务流程重组过程当中绩效的节点。比如企业上了一套智能化新系统,这套系统让整个公司非常高效地运作,本身就是在提升绩效。

五、业务流程分解才能发现更多的成本

业务流程分解和再造的过程,是一个流程节点重新设计的过程,其实万变不离其宗就在于关键节点,找到关键节点的时候,去讨论关键节点的问题,关键节点和关键节点之间的成本问题就能浮现,也就能把流程梳理清楚。

如图5-5所示,这是一个石油化工类的企业,业务板块非常多,它有六大板块,所有的业务流程都会进入这个系统。这个系统的控制,是一个非常大的节点,进入之后有销售、采购、财务以及资产四个大项,分解出来之后就是核心流程,然后进入账目,账目的管控是另一个重要节点,最后进入汇总的财务报表。也就是说一系统、二明细账、三总账、四财务报表,有四个节点进行控制。通常会形成文件类的东西,文件表单表格需要去确认的,或需要会签的,或者是某一个人或某一个团体需要去看的,此时便是绩效节点,这也是流程节点的一个重要标志。

所以在做业务流程分解的时候,把握住关键节点,也就是关键类的文件,把公文流转的关键文件找到,然后流程再造,就会更能降本增效。

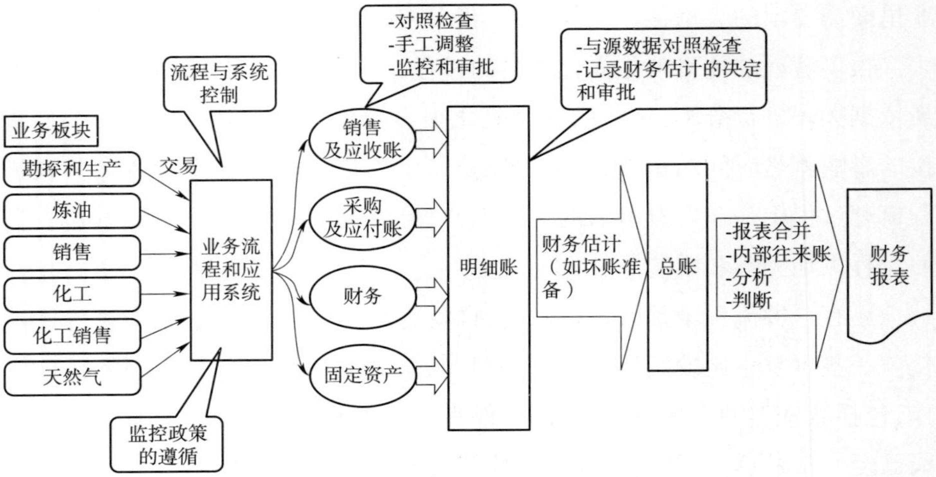

图5-5　基于关键节点的业务流程分解梳理

六、基于降本增效的业务流程设计

业务流程设计是根据市场需求与企业降本增效要求调整的企业流程，包括设计、分析和优化流程。设计阶段主要包括内外两项任务：其一，透视现有流程成本与质量；其二，根据当前市场需求调整现有业务流程。对于这两项任务来说，必须基于一套统一的方法和统一的描述语言。设计阶段要解决如下问题，即何人完成何种具体工作，以何种顺序完成工作，可以获得何种服务支持，以及在流程中采用何种软件系统等问题。在分析过程中，可以掌握流程在组织、结构及技术方面存在的不足，明确潜在的改进领域。设计阶段的目的是根据分析结果并结合企业目标制定目标流程，并在IT系统中实施有助于今后为企业创造价值的目标流程。

业务流程的设计步骤主要是两大步、六小步，一般情况下是三级流程，一级是战略级的，二级是部门级的，三级是岗位级的。一般情况下是这样的，流程梳理出来之后，先梳理出表单，与梳理岗位相同，把岗位的清单先梳理出来，流程也是如此，先梳理出流程的清单，编好几级流程的编号，方便去后台做ERP、做OA，然后把流程名称清晰地写出来，如图5-6所示。

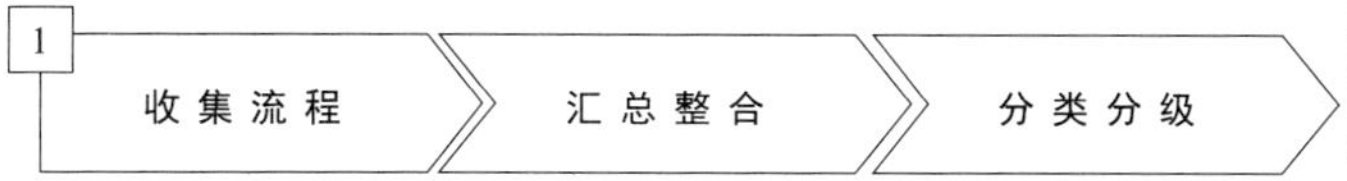

- 此方法可以普遍适用
- 好处在于不了解企业具体业务时，也可以正常进行
- 风险在于由于最初没有一个整体分类，整理过程中可能不易发现缺少流程

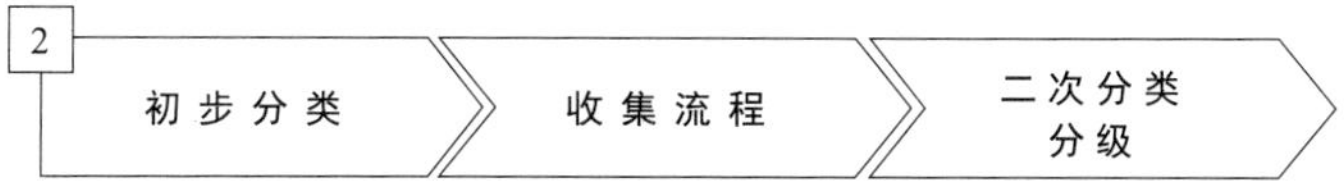

- 此方法需要对企业的业务有了基本理解后进行
- 好处在于初期就确定了基本框架，流程缺失和重叠的情况会减少，整合效率高
- 风险在于如果初步分类不当，可能影响客户客观提供相应流程的信息

一级	二级	三级	流程名称
WZ			**物资管理**
	WZ-01		**物资策略管理**
		WZ-01-01	采购品分类
		WZ-01-02	供应商及市场分析
		WZ-01-03	制定采购策略
		WZ-01-04	公司物资系统采购分工管理流程
		WZ-01-05	公司物资系统组织网络管理流程
		WZ-01-06	统一编码管理流程
	WZ-02		**需求计划管理**
		WZ-02-01	公司统招采购计划管理流程
		WZ-02-02	供电局采购计划管理流程
		WZ-02-03	公司统招采购计划变更管理流程
		WZ-02-04	供电局采购计划变更管理流程
	WZ-03		**采购管理**
		WZ-03-01	招标管理流程
		WZ-03-02	公司统招合同签订流程
		WZ-03-03	供电局采购合同签订流程
	WZ-04		**履约管理**
		WZ-04-01	采购合同执行
		WZ-04-02	合同变更流程
		WZ-04-03	公司统招采购争议处理管理流程
		WZ-04-04	供电局采购争议处理管理流程
		WZ-04-05	设备监造管理流程

图5-6　业务流程设计示意图

流程名称跟岗位名称一样,不要含糊。不管是人力资源经理还是人力行政经理,必须清晰确定。流程也是这样,每一个流程清晰地确认,让这个流程的名称反映出流程的性质和状态,大家一看流程名称就看得懂,看得清晰。

第二节　组织扁平化的本质:无流程不扁平

组织扁平化一经推广,便很快流行起来,很多企业纷纷效仿,“去层级”“去中心”一时成为热词。这种组织对成本的减少和效率的提升非常具有价值。它有如下特征。

(1)管理幅度加大,管理层级变浅。

(2)能干会干者出头,差者被淘汰。

(3)价值决定收入,员工结果导向,积极性大增。

(4)上下游相互监督,用市场灵活机制代替内部管理。

(5)领导较少,团队较多,自我管理意识较强。

(6)效率与质量要经受客户检验,灵活用工也成为普遍的可能。

(7)可变成本和费用基本与销售额成正比,公司规模可大可小,成本控制相对容易。

(8)核心员工一目了然。

所谓组织扁平化,不仅是层级减少,而是通过破除公司自上而下的垂直型结构,减少管理层级,增加管理幅度,裁减冗员建立一种紧凑的横向组织,达到使组织变得灵活、敏捷、富有柔性和创造性。

古典学派提出的“管理幅度原则”也指出:管理幅度是有限的,管理幅度以算术级数增加时,管理者和下属间可能存在相互交往的人际关系数将以几何级数增加。同时由于管理者自身的知识、经验、精力和能力有限,其所能管理的下属人数也很有限,如图5-7所示。

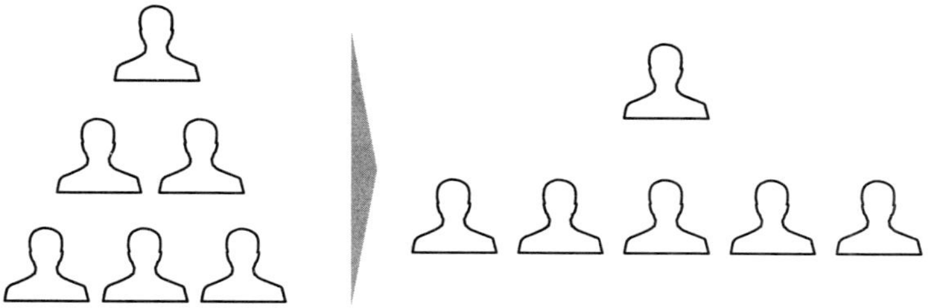

图5-7 压缩层级示意图

一、盲目削减层级引发“阁楼问题”

由于信息量、管理幅度以及相互人际关系指数将随着下属人数的增加而增加,因此决策者在进行管理时,其信息和命令传递要从众多管理层到人数最多的基层,不仅耗时长,而且传递过程中会出现信息的干扰、偏差、错误和失真。在数据信息指数增长的今天,传统层级结构的组织形式遇到了强大挑战,因此扁平化组织结构逐渐成为一种趋势。

很多企业在实施组织扁平化的时候,理解概念上难免有些“简单粗暴”:对员工素质没有盘点的前提下,盲目推行“扁平化”管理结构,去掉管理的中间层级,结果却是没有人关心公司的目标和战略,或者各人都按照自己的理解自行其是,或者没有命令式的工作任务,要不偷懒,要不有任何想法,也不告知同事获知意见,而是直接找上级领导汇报。管理者因此积压了大量的待处理信息和数据。还有企业本身,盲目地扁平化式的裁员也成为组织发展变革的失败案例。

笔者经历过一次组织设计的咨询项目,在一家传统生产制造企业里,其组织架构简单,但是矛盾特别多。

(1)各个部门和各个分厂之间的矛盾,经常一些小事情要到公司高管层面才能解决。

(2)各个部门之间互相推诿,分厂有问题找不到负责人。

(3)分厂与分厂之间没有沟通,导致生产较多重复性产品和出现大量重复性工作。

(4)后来高管不得不直管分厂，然后再分配给职能部门，“员工很忙”变成“领导很忙”。

深度调研之后，发现问题的症结在于上一个季度的组织架构调整，原本该企业一共有五大层级，在现有基础上还存在分公司和分公司职能部门的，由于“瘦身健体”的需求，所以将分公司和分公司的职能部门一并去掉，如图5-8所示。层级减少，人员也相对灵活，但是这两级犹如“阁楼”一样，拆除中间一层后，上下两层的衔接就必然出现问题。很多人员反映，要恢复之前的五层级制，如图5-9所示。

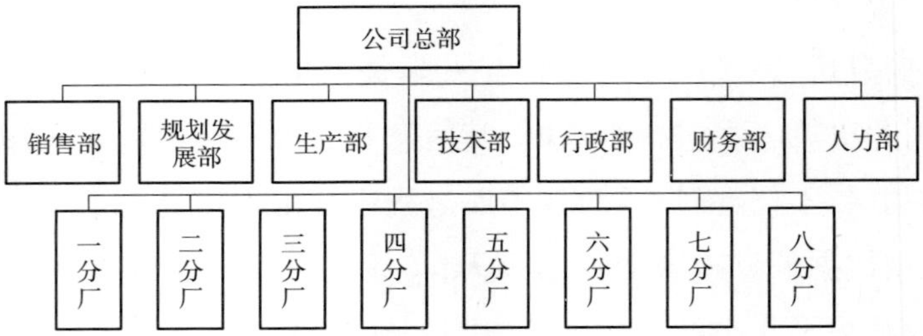

图5-8　某生产制造企业组织架构

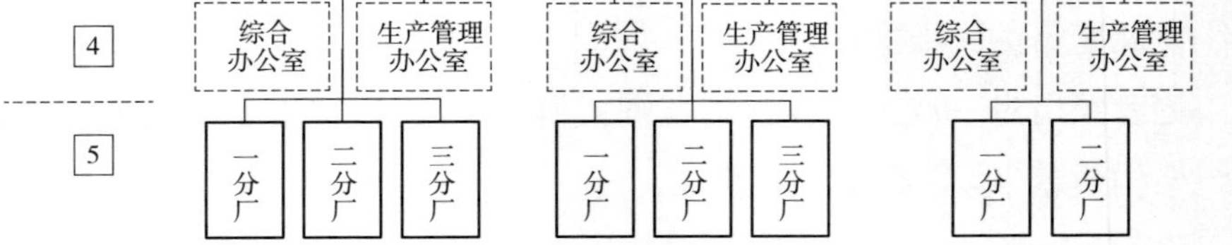

图5-9　某生产制造企业改革前组织架构

扁平化组织结构的精髓观点在于能力和资源可以自由流动，流向最需要之处。它并无统一的结构或模式，而是具有一种新型团队式组织。这种组织结构紧凑而富有弹性，强调系统、管理结构的简化，管理幅度的增加与分权,成本降低,效率增加,因此组织层级减少只是扁平化的结果和表现。

二、首要打破顽固的层级制

“层级”是一个无处不在,却一点也不可爱的社会学名词。从自然界到人类社会无处不拥有层级高低,尽管很多人不是很认同,但是“层级制”依然广泛存在。无论是天子、诸侯、卿大夫、士、平民还是婆罗门、刹帝利、吠舍、首陀罗都是源于层级制能够体现一种尊卑的次序,能够满足人们对地位和权力的渴望。从管理学上来讲,层级制能够广泛存在,是与组织职能的有效性有关,换言之,随着人员数量的增加和规模扩大,人们对控制和协调的管理行为难度越来越大,层级的出现充分体现了区别级别间的权力和责任。层级制的优点自然不必多说,层级节制、责任清晰、行政目标和激励人们晋升都有效地应用在各个层级制的组织中。但信息传递缓慢和失真、效率低下,成为层级制和现代快捷管理不可调和的一对矛盾。

尽管对层级制有很多非议,但是很多大企业还是普遍认为,很难避免多层级制。对于大型、复杂的组织进行控制和协调,有必要任命一批管理者分担任务、分享经验。而且监督和控制也是大型企业在管理行为中必须设计的一项工作,也同时赋予了诸层级的管理者,达到金字塔式管理模式的稳定与平衡。传统科层结构与扁平化层级结构优劣势,如表5-2所示。

表5-2 传统科层结构与扁平化层级结构优劣势

	金字塔式层级结构	扁平化层级结构
特征	最高层与作业层之间层次众多每个层次管理幅度比较小	管理层次少,管理幅度大结构扁而平
优点	①严密监督、控制 ②主管人员同直属人员联系沟通 ③各级主管职务位置多,为下属人员提供较多晋升机会	①管理费用减少 ②沟通联系渠道快 ③减少信息失真 ④更多授权,有利于激发下属热情
缺点	①层次多引起管理费用增加 ②信息传递时间长 ③信息内容被扭曲 ④给社会带来等级身份改变	①管理人员负担重,难以对下属进行细致指导 ②下级人员需要自动、自发、自律易失控 ③同级之间沟通比较困难

三、简化组织管理层级的方法

那些减少了传统层级的级数，垂直关系朝着水平关系发展成功的企业，应用网络通信技术也较为广泛。恰恰是这些即时通信工具的应用，信息才能够及时共享和沟通成本骤降。因此高新网络技术是简化组织层级尤其是信息流方面的方法之一。

此外，近年的结构性裁员也越来越频繁，组织的规模化是导致层级密布的主要因素，结构性裁员的频繁应用，成为简化组织层级的直接手段。美国在20世纪80年代开始，一直到现在，每年都有大型裁员企业出现，大部分原因均来自环境的变化，带来了竞争压力而不得不缩减庞大的科层组织机构。最开始是以各部门按照一定的比例进行“反应性”裁员，逐渐到现在是一条流水线、一项业务部门的“战略性”裁员。其发展趋势也是从单纯业务裁员而越来越关注管理结构和管理成本。2016年，Intel、东芝、诺基亚相继裁员，原因除了业务转型便是出于管理成本考虑。

充分授权也是组织扁平化变革的有效方法，组织扁平化本身也是一种权力下移的组织特征，减少决策在时间和空间上的延迟，企业只有在内部提供给员工更多的自由空间，才能更大程度地发挥员工的创造力与凝聚力。充分授权同时可以增强员工的参与感与积极性，成为激活个体的创新方式。

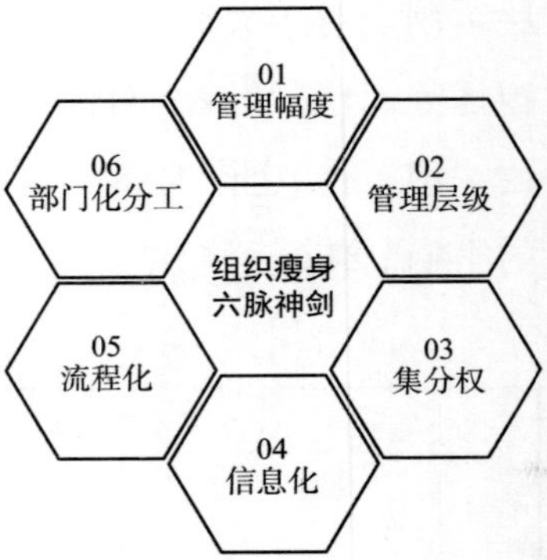

图5-10　组织瘦身六脉神剑

综合各方面因素，总结组织瘦身的“六脉神剑”，可以从这六个方面进行组织扁平化的变革，六脉神剑的综合运用，才能达到新组织的新平衡，如图5-10所示。

四、减层级、组团队，向降本增效的流程组织改变

当梳理好具体思路之后，之前的案例就迎刃而解。设计时，先从生产端进行分析，发现八个分厂只是产品不同，大体可以分三大产品，前两个产品

是主产品,担负着全公司绝大部分的收入,三分厂和六分厂是主产品生产过程中产出的低端副产品,虽然占整体收入比例较小,但是产量丰富,同时拥有稳定的客户群体。

当即进行三个方面的改革设计。

(1)分拆与重新整合销售部和生产部。销售部的主要职能是客户订单跟踪,新客户开发率较小,三大产品各有几个岗位负责,将其按照产品线拆分。生产部门主要是销售部门下单后进行生产计划的管理,以前要统筹八大分厂的生产管理,繁杂且忙乱,现在也将其按照岗位进行拆分,与销售部的各产品销售人员进行整合,形成以原销售部和生产部为基础的新事业部。新事业部以产品为中心,客户服务与开拓为己任,合理调配各分厂生产资源,对客户订单灵活处理。

(2)分厂整合。各分厂以产品进行划分,分别归属为新事业部下,生产方向以及影响订单的时间和质量问题都向新事业部汇报。深度诊断之后,各分厂之间的主要问题就是生产上的问题无法找到对接人。在传统生产制造企业,安全生产作为第一要事,不可不察。因此解决分厂生产问题,是组织健体中的第一要务。

(3)各职能部门与分厂进行职能对接。规划发展部、技术部、行政部、财务部、人力部分别厘定出服务职能,对分厂的各级职员进行支持,提倡窗口式服务,对于任何需求应当做到有标准、有流程、有时间节点、有积极主动的“四有要求”。“一切为了前线的胜利”,成为这五个部门的新口号。

二次组织变革架构,如图5-11所示。

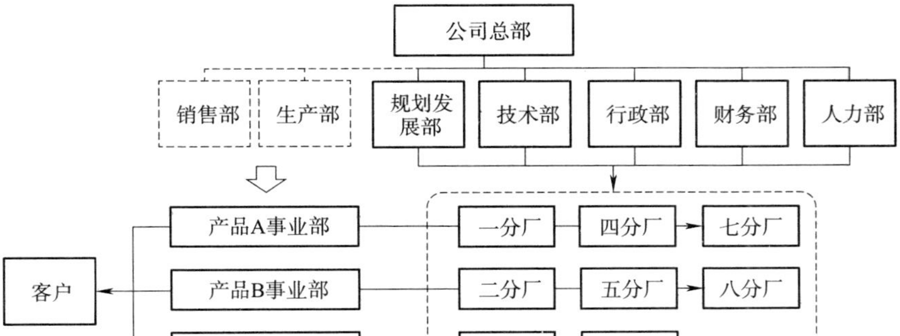

图5-11 二次组织变革架构

此番的“二次组织变革”得到了高层的大力支持，在关键人才选拔上，也进行了人才盘点。对于三个产品事业部的负责人，建议重新考虑之前的分公司正副负责人；对于后台支持的五个部门窗口人员，也充分考虑之前分公司的职能部门人员，让了解生产和懂得生产的人进入到核心岗位，更有利于流程的效率和效果。

本次设计充分体现了“前台—中台—后台”流程化思想，活用事业部制和矩阵型组织架构。实施半年以来，从开始的陌生到现在的非常适应，也充分表明该设计对效率效能的提升和“降本增效”功能的强化。

第三节　趋于零浪费的流程型组织建设

由于成本被最大限度控制的流程型组织还只是一门实践的学科，所以在流程型组织实践过程出现了很多概念。比如流程负责人、流程业务架构和流程架构等。笔者认为对于流程型组织需要走出对概念争论的误区，走到实践中去。同样关于流程型组织的定义有很多种，其中最典型的定义有以下三种。

(1)以组织目的为导向的流程型组织。以端到端流程的有效执行为基础，重点以上级满意度为目标，改变为重点以客户满意度为目标的管理模式。

(2)以组织协同为导向的流程型组织。通过端到端流程涵盖各个岗位，有效配合以及部门之间的业务协同，以提高组织整体绩效为目的的管理模式。

(3)以结构扁平为导向流程型组织。改变传统多层级的职能管理模式为一种扁平化的组织管理模式，打破职能部门之间的隔阂，解决业务或部门间的责权利。

无论是哪种定义，流程型组织都是以强调组织各级各类流程为基础，以核心流程为中心动态梳理，展开或者紧凑企业各种流程及其关系，节约成本，增加效率，快速响应市场需求为目标的组织架构，流程型组织是一种极富弹性的柔性化组织,能适应信息社会的高效率和快节奏。

虽然流程组织定义各种各样,但是他们的基本特征是一致的。

(1)一切以客户为中心。

(2)管理幅度宽、管理层级少,呈现扁平化的趋势。

(3)需要专门的流程管理团队来维护并监控流程的执行。

(4)以流程为基础,确定人员分工,规划组织者职责。

流程型组织架构跟职能管理的组织架构有本质的区别,其体现在将组织架构变成了以客户为C位,而高管团队处于"后勤部长"地位。这个组织结构的模式是客户第一、员工第二、高管第三的理念,这种模式才能真正体现流程型组织端到端的客户服务理念。

流程型组织尽管是未来组织管理模式的发展方向,但短期内不能建成,对于国内组织,尤其是对企业来说,建立流程相对周期会比国外先进企业要长很多,其主要有以下几点原因。

(1)国内企业组织普遍靠经验工作行为习惯,如果没有强大的推动力,很难改变。而今很多大企业的高层下了很大的决心,投入了很多的资金资源,逐渐改变这种情况,但不是所有的组织决策者都有这么大的魄力。

(2)大部分企业还处在组织管理的初级阶段,甚至还停在老板个人的控制手段上,把控制和处罚当作管理,还没有真正理解和实践管理。

(3)很多企业组织的经理们都是执行者,或者说最多就是高级执行者。普遍管理能力和经验不足,因为各位管理者都是摸爬滚打自己闯出来的,或者凭借聪明才智,勤奋努力出来的。大多都采用纯自然的管理方法和手段,接触和了解管理理念的实践比较少,还不擅长管理。而流程型组织的管理模式跟职能管理模式相比就显得更加复杂,不容易操作,需要整体管理人员的素质和理念高度的统一。

在有了对美好组织的憧憬,又有了对前进路上的认识后,再来看流程型组织建设,将会更加合理,也少走弯路。笔者在此基础上,提出流程型组织建设的三阶六段法,如图5-12所示。

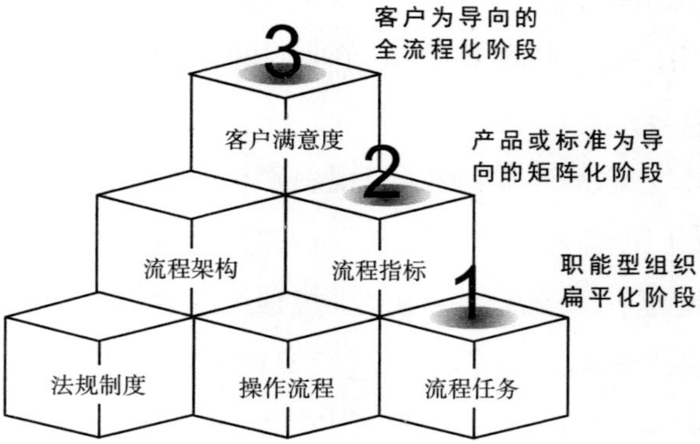

图5-12　流程型组织建设三阶六段法

一、第一阶段：职能型组织扁平化阶段

这一阶段的关键词是法规制度、操作流程、流程任务。

流程型组织首要任务是将管理幅度变大，管理层级减少进行的扁平化建设。组织扁平化会使权力下移，同时还能使不同的部门和单位之间更容易地进行沟通和合作，组成临时性团队，团队人员也可以来自不同部门和不同级别，组织扁平化和团队组建互为补充，能够更好地发挥职能的针对性。单纯地减少层级势必促使管理人员的管理幅度大，同时也对管理人员的素质要求高。而且管理幅度越大，要求就越严格、越全面，当缺乏这样的管理者时，很多企业又配备副职从旁协助，这样容易使正副职之间的职责划分不清，出现职能错位等现象。因此这一个阶段需要法律制度、操作流程和流程任务来约束和固化组织扁平化。

二、第二阶段：产品或标准为导向的矩阵化阶段

这一阶段的关键词是流程架构、流程指标。

层级向团队转化意味着权力已经不再属于管理者个人，而属于一个团队，团队中应该具有一定专业知识与技能，掌握决策所需信息的项目经理。一旦将运营流程整合并简化，可以将一个职能部门的负责人单独职权界限

瓦解,随之消失的还有职能间的缓冲时间,市场、销售、生产和人力必须聚集在一起,决定调价和促销,必须快速响应,一天之内可以决策的事情,不必公文流转,上传下达会浪费一个月的时间。在互联网迭代的今天,快决策本身就是一种战略。有了项目经理就成为了矩阵化组织,以流程为基础的矩阵组织优势非常明显,除了决策快以外,还有一大优势就是多任务可以同时进行,而且效率非常高。这个时候流程架构和流程指标就会出现,同时也要有计划地去建立。

三、第三阶段:以客户为导向的全流程化阶段

这一阶段的关键词是客户满意度。

一家传统的食品加工企业的电商化案例给了笔者很多启示。他们从传统的层级制组织到线上运营团的重组,从15级减少为5级,运营团队来自各领域相关人士中的中层管理者组织,他们拥有制定、实施、管理运营的决策权,在新5级的扁平化的组织结构中,他们来自一线员工和中层管理者这两个级别之间。这个企业还成立了很多以产品线为链条的团队,以及流程优化、薪酬激励和知识管理等团队。由于团队本身贡献价值能够有效衡量,所以团队与团队之间相互合作与价值交换成为了下一步主要探讨的课题,同时成为课题的是将层级级数减少到最低水平,因此"不授权的领导"和"不合格的中层"将成为主要裁员对象。能够为客户解决问题的人成为流程的初始,用他们来调动组织内部的各项资源。这个时候,客户满意度这种指标成为首要价值。一个泛泛的五星好评能够评价一切,这就给组织产品、服务以及运营发出了较大的挑战。

| 第六章 |

要务 4:人力成本控制提质增效

第一节　人才浪费现象是巨大的财富外溢

一、人才流失只是人才浪费的冰山一角

一方面很多人认为人员流失,尤其是核心人员流失是企业的浪费,会影响企业的运营;另一个方面很多人又认为裁员是人力成本控制的主要方式。在这样矛盾的观点里,该如何辨别对错呢?

对于管理来说,没有对错之分,首先要做的就是成本分析。如表 6-1 所示,不管是人员流失还是裁员,只要员工离开企业,企业应该付出的成本内容。

表 6-1　人员离职企业增加的经营成本

项　　目	释　　义
招聘成本	招聘准备工作,筛选简历,面试成本,录用准备成本,办理录用手续等成本
培训成本	场地、教师、设备等在培训活动汇总所需要的费用,培训期间的工资、教材、交通、饮食,因培训而减少的工作时间,岗前培训准备,培训资料,培训管理成本
内部员工填补空缺成本	额外加班负担,协调沟通成本,岗位工作再培训成本
外部员工聘用填补空缺成本	包括员工招聘成本和培训成本总和
工作效率损失成本	离职前的工作效率降低和由于员工空缺造成的工作效率降低,以及新员工适应期间工作效率低下等
人工成本	薪酬福利待遇支出成本

续上表

项　　目	释　　义
其他成本	知识产权、客户信息流失成本,商业机会流失,竞争对手增加、企业声誉受损等

企业管理者有时太过于关注人员流失会造成各种成本,其实许多企业有一个典型的现象,便是人才浪费。人员流失固然是一种人才浪费现象,但如果放大到全员进行人才浪费的成本核算,这种金额则是巨大的,甚至远超人员流失的成本。

企业经常会出现旺季的时候人手不够用,淡季的时候又有很多闲人的情况,生产旺季拼命去招人,一旦项目完成之后,又要裁员,这都是企业要面对的一个很重要的问题。人才的配置和业务的发展并不匹配,必然导致人员流失,同时,这也是人才浪费的重要体现。

二、人才浪费现象内环图

除了人才流失,还有很多是人才闲置的浪费,工作分配不合理的时候,有的员工忙死,有的则闲死,有的人上班无所事事,有的人加班都完成不了工作,导致松紧度失衡,人才无序的浪费。

还有一种浪费是隐性的人才浪费。隐性人才是一种在企业里面工作能力很强,但是会被安排到不恰当的岗位上做一些普通工作的人才,由于人才隐性,因而很难给企业带来巨大的价值,同时也间接地增加了人力成本。其实每个行业都有隐形的能人,他们的能力很强,专心投入,成为一些行业里的专家,但是他们会避开一些光鲜的外表,默默无闻地工作,很多人力资源管理要及时发现这样的人才,并将其放在合适的位置上,即使他们不愿意到台前来,但是也要给予他们特别的关注,让他们能充分发挥价值,得到足够的授权。

互联网大幅度地发展,出现了很多超级流量的人才,这样的人才依托各种平台,收入远远大于工资。所以,现在发现一个人才最重要的现象,即人才品牌化已经成为一个社会属性,有的时候价值甚至比组织本身还要大,一个人的流量变现有可能超过一个公司的利润。

如图6-1所示,这是人力成本的一些浪费现象,尤其是内环里的一些现象,更是人才浪费的本质。而外环现象是我们对于组织的结合程度要求不够紧密,人才和组织不匹配便成了最大的浪费。

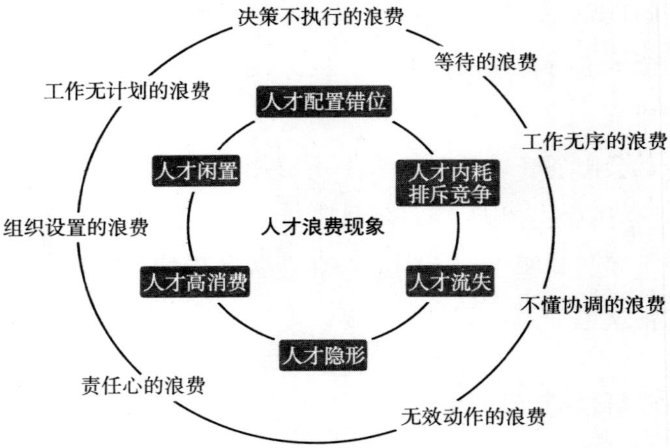

图6-1　人才浪费内环图

同时,组织设置的浪费是导致人才设置浪费的一个根本原因。还有一些无计划的浪费,也会把人才带到循环中去,看似做一些所谓有价值的工作,结果却没有价值。英雄无用武之地、大材小用、杀鸡也用牛刀,这些成语谚语都是说人才浪费现象,现在它仍普遍的存在于企业当中。

第二节　大企业帕金森症,很多中小企业也病入膏肓

一、哪里都有的帕金森定律

人才浪费的背后是什么管理规律呢?可以先举一个具体的定律叫帕金森定律。

西里尔·诺斯古德·帕金森所著的《帕金森定律》一书中有个老太太寄明信片的故事。帕金森发现,人做一件事所耗费的时间差别很大:一位老太太要给侄女寄明信片,她用了1个小时找明信片,1个小时选择明信片,找侄女的地址又用了30分钟,1个多小时用来写祝词,决定去寄明信片时是否带雨伞,又用去20分钟。做完这一切,老太太劳累不堪。同样的事,一个工作特别忙的人可能花费5分钟在上班的途中就顺手做了。

帕金森结论一:工作会自动占满一个人所有可用的时间。如果一个人给自己安排了充裕的时间去完成一项工作,他就会放慢节奏或者增加其他项目以便用掉所有的时间。工作膨胀出来的复杂性会使工作显得很重要,在这种时间弹性很大的环境中工作并不会感到轻松,相反会因为工作的拖沓、膨胀而苦闷、劳累,从而精疲力竭。

帕金森结论二:一个不称职的官员,可能有三条出路,第一是申请退职,把位子让给能干的人;第二是让一位能干的人来协助自己工作;第三是任用两个水平比自己更低的人当助手。

定律总结:在行政管理中,行政机构会像金字塔一样不断增多,行政人员会不断膨胀,每个人都很忙,但组织效率越来越低下。这条定律又被称为“金字塔上升”现象。

如果一个企业做一个项目方案计划日期在年底,就会把这几个月时间充分利用,慢慢去做,也许都不做,等到年底那几天突击去做,如果截止到明天早上,这个事情可能要加班加点通宵不睡,其实会发现这种通宵不睡,与你把这个事情拖到年底的效率效果基本是差不太多的。

除了帕金森症的表现,还有一些鸡毛蒜皮定律,譬如小额费用审批,大家会有很多意见,等到百万级和千万级审批的时候,大家几乎没有太多的意见,都会让老板拍板,自己却不想承担任何责任。帕金森原理部分解释如表6-2所示。

表6-2　帕金森原理部分解释

帕金森原理	具体解释
中间派决定原理	中间派指对决定的内容不十分清楚的、意志薄弱、耳朵不大灵光的人，他们在组织的“票决制”议程中具有举足轻重的作用。为了争取中间派的支持，双方颇费心机进行争取，特别是在双方势均力敌的情况下。所以，不是竞争对手而是中间派成了主角
人事遴选庸才	人们设计了许多的人事遴选方法，但大部分测试都是徒劳无功的，最终不得不靠偶然性标准进行遴选
鸡毛蒜皮定律	大部分官员由不懂得百万、千万元而只懂得千元的人组成，以至于讨论各种财政议案所费的时间与涉及的金额呈反比，即涉及的金额越大，讨论的时间越短，反之时间则越长，越是鸡毛蒜皮的事情越花费很多时间
无效率系数	由于复杂的利益关系，决策性委员会多了非必要成员，以至于会议开始变质，变得效率低下。于是，不得不在委员会下重新设立核心决策委员会或核心决策团体
冗员增加原理	官员数量增加与工作量并无关系，每位领导都希望增加部属而不是对手

二、中小企业的成本浪费和大企业一样惊人

很多中小企业“麻雀虽小，五脏俱全”，各种组织架构和部门都有。同时，它们也很容易犯大企业的病。企业员工很多，人才看似到处都是，结果真正到了赚钱的时候，需要的时候却没有人才可用！这个时候，其实就是中小企业已经陷入“大企业病”里面去了。

大企业信奉“管理出效益”，很多中小型企业老板，要么是从大企业出来的，要么是盲目崇拜“大企业的管理模式”，所以在日常经营过程中，也是照搬大企业的“管理运作模式”，强化内部管理。

比如让营销人员每天都在填写各种报表，参加各种培训考试，使得营销人员根本没有时间、精力、心情去从事真正的营销工作，最后到月底，业绩惨淡无比，回头追究原因，则归咎于营销人员素质太差，培训不到位，管理还需大力加强。最终，企业陷入死循环！再比如让研发人员天天早晚开例会，随时参加各种探讨会或者交流会，沟通学习心得体会或者管理经验，最后将研发人员变成“办公室主任”，天天在办公室写管理心得，学习最新管理经验。

诸如此类,皆是中小企业"管理过头"的表现。表面上看,这是中小企业在虚心学习大企业的"成熟管理模式",实质上是自己害了自己。中小企业需要的是适合自己现阶段发展所需的管理模式,而不是千篇一律照搬大企业的管理模式。管理过头,比没有管理更可怕!

中小企业的流程烦琐复杂,还隐含另外一层意义:那就是企业平台人员太多,不赚钱的员工太多,"人浮于事"。这些不赚钱的员工太多了,他们也必须想方设法体现自己的价值,那么就必然要拟制这样那样的规章制度,从而彰显自己的价值,至于这些规章制度是否有利于营销、有利于企业发展,则不在他们的考虑之中了。

这一切都是管理过度,人才浪费。

三、人力资源管理成本要素

伴随着人力资源管理的各个阶段和人才的各个环节,会产生一定费用,这就构成了人力成本,从各个环节去分析工作效率,就可以厘清人力资源管理成本要素,如图6-2所示。

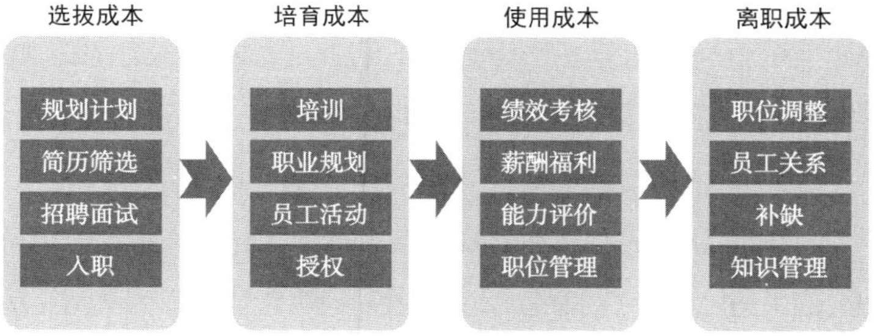

图6-2 选育用留的四大环节中成本要素

人力资源选拔成本的标准是员工的招聘周期、招聘录用比和试用期合格率等指标,这些指标能够客观地反映人力资源招募选拔的各个环节。过高的人力资源招募成本,代表企业在招聘人才时有可能存在资源浪费、试用期合格率过低、招聘过程过于复杂等问题。过低的人力资源招募成本,则有可能代表企业的人员选择范围还有进一步提高的必要。

衡量人力资源培育成本的标准是培训和各项活动的支出。成熟企业的培育成本应该维持在一个相对稳定的水平,培训费用的过高或过低,都说明培训工作的计划性较差,或之前培训的效果不佳。

衡量人力资源使用成本的标准是员工薪酬、福利的支出与企业效益指标的对比关系。可以将员工人力成本的支出与企业的收入或利润情况进行比较,当人力成本的支出与效益增长同向,且低于效益增长时,则代表了员工创利能力在不断提高,员工受激励程度也在提高;当人力成本的增长与效益增长不同向或高于效益增长时,则代表了企业在人力成本控制中存在着一定的问题。

衡量人力资源离职成本的标准是员工离职成本与预算的比较。正常情况下,企业员工有一个合理的流动,保持正常的离职率或淘汰水平,对企业来说是合理的代谢过程。离职成本过高时,则有可能是企业在员工关系管理上或企业在人才引进和使用上存在问题;离职成本过低时则有可能代表企业使用成本支出过高。

四、人力成本三级科目

人力成本是薪酬和人事费用的总和,包括一些货币支付的工资、奖金、津贴、福利,还有一些间接的支付,比如保险、医疗、体检、休假等,这都是人力成本,人力成本由三部分组成。

第一部分叫作直接成本,是指员工在工作时间内所得到的工资,员工上班为企业创造了效益,企业给员工支付的一些报酬,包括奖金、加班费、津贴,包括一些补偿费用,这都属于直接成本。

第二部分叫作间接成本,间接成本是企业已经付出了,但是没有到手的一些直接的费用,比如说社保,不是直接到手的,还有一些商业保险补充以及住房公积金。

第三部分成本叫作开发成本,开发成本指增加员工的数量、增加员工的能力所产生的成本。比如说培训费、招聘费用,这都是人力成本的概念,在不同的行业,三个部分所占的比例标准并不相同,如图6-3所示。

一级科目	二级科目	三级科目	备注说明
管理费用	薪酬	工资	使用成本
		奖金	使用成本
		社会保险费	使用成本
		住房公积金	使用成本
		离职补偿	离职成本
	福利	餐补、下午茶、生日会、年会、旅游、体检、团建等	使用成本
	教育经费	培训	开发成本
	工会经费		使用成本
	招聘费	网络服务费	获得成本
		校招服务费	获得成本
		差率费	获得成本
		猎头费用	获得成本

图6-3 人力成本三级科目

有一些人力成本很容易被忽视,比如招聘成本,由于涉及的东西比较多,所以说不可能只是招聘花费,有些可能是人力成本,有些可能是财务成本,有一些可能是行政成本,还有一些宣传的费用,宣传资料费是公司品牌类的费用,这个时候就需要更细致的定义。还有在微信群里招聘,为了引起大家注意发的红包,本身也算是成本。

对于一些高级人才引进也会发生一些其他费用,比如安家费、车马调动费用、调离的补贴,这都可能是出现的成本。因此要做一定的细分,不细分、不去细致的描述就很难定义、很难去核算成本。

人工成本管理是人力资源管理的核心部分,决定着企业内人事变动的去留选用,企业人力资源管理人才的吸引、保留和集约化都需要劳动力成本的支撑。就业和工资水平构成劳动成本的总水平。企业成本管理无非是对固定成本和人力成本的管理,处于市场经济环境中,商品与商品间的竞争,属于价格和质量的竞争,而成本费用和人工费用的竞争又决定着价格成本,人工成本的高低基本上就是企业和企业之间竞争的重要指标。

企业内部管理改革中,人工成本管理是一项能够规范化和科学化企业收支的整改措施,能够约束各部门人员收入支出,增强风险意识管理。随着经济市场不景气、环境不可抗力的影响,企业可能面临前所未有的激烈竞争,不仅要面对来自外部的影响,也要提高内部的风险意识,加强人工成本管理,提高管理效率是企业经营的核心要义。过去的决策程序和制度已经无法适用于现代企业管理模式,企业应该明确现代企业管理制度中的产权关系,加强企业自我控制和分配收入的能力。通过在人工成本管理过程中建立严明的预算和审批流程,要求财务部门严格控制预算,确保预算的执行,严格查处超支行为。

第三节　八大方法有效控制人力成本

一、历史常数推算法

学习过数学的大家都知道一个重要的思维就是从已知推断出未知,历史常数推算法就是这样。首先找到历史数据中的"常量"作为已知量,然后推演出人工成本与这个"常量"的关系,从而做到增减控制。

关于人力成本,有这样一个常用的公式:人力成本预算总额 = 人力成本率 × 销售额。通过找到销售额和人力成本率这两个"常量",来控制人力成本预算总额。如图6-4所示,根据2019年预测销售额和人力成本率常数可以推算出2020年的人力成本总额预算,即577.32万元或580.04万元。若该公司组织构架比较稳定,也可类推出各部门或各职务类别的人力成本预算。

这里只是把工资列为人力成本的一个部分,但实际做薪酬设计时,工资率分析很重要。薪酬设计基本上不用考虑招聘费用和培训费用,但是做人力成本分析和控制的时候,就要考虑这些问题。所以,人力成本分析和薪酬设计,既有联系又有区别。

项目	2016年	2017年	2018年	2019年	2020年
销售额(万元)	3 500	4 700	5 500	6 100	5 800
总人力成本(万元)	285	411	480	532	???
人力成本率	8.14%	8.74%	8.36%	8.72%	
平均人力成本率	8.49 %				
加权平均成本率	8.53%				

图6-4 某公司销售额和人力成本率常数

有数据之后,分析和控制就比较简单了,但是在实际应用当中就需要一个博弈的过程。人力资源经理也好,业务经理也好,都要知道制定成本的游戏规则。比如老板向业务负责人询问道:“今年大概能完成多少销售额?利润能回来多少?”业务负责人说:“销售额5个亿,税后净利达到8个百分点,约4 000万元。”当到这里的时候,其实成本指标已经出来了,在已有销售额和利润率的基础上,这个老板或者人力资源负责人可以用倒推法,通过对往年的数据进行监测,就能算出业务经理的4 000万元是否合适。如果是做加权平均值的话,5个亿完成了,考核权重占20%,而利润4 000万元完成了,考核的权重分数占60%,看似考核利润更重要一些,其实就是逼着业务负责人考虑成本的问题。因为他会想,即使没做到5个亿的销售额,也要尽力完成4 000万元的利润。不然的话,60%的权重相对应的收入就要扣得很多。

然后就开始分解指标,像财务部要清楚账目,5个亿的销售目标,固定成本多少,变动成本多少,人力成本多少,都要仔细算清楚。同时告诉人力资源总监,现在要做5个亿的销售额,人力成本的比例给你,当做到1个亿的时候,固定人力成本的比例是20%;做到3个亿的时候,人力成本是15%;做到4个亿的时候是12%,如果没完成这个点数,考核就不合格,因为随着业务量的增大,人效是要提升的。于是,任务指标就一级一级分解下去了,各部门经理也有忧患意识了。人力资源负责人开始思考企业人员是不是富余了？架构是不是可以扁平一些？流程是不是可以优化一下？为了自己不至于被炒掉，先必须炒掉那些应该炒掉的人。

在很多大的外企，人力资源总监权力比较大，同时他的责任也很大。人的智慧和潜力有时是可以逼出来的，在严格的责任管控下，人力资源总监一定会继续分析当做到5个亿的时候，固定的人力成本是多少，变动的人力成本是多少，需要多少服务人员，需要多少一线工人。再进行进一步的分解，薪酬经理应该负责什么数据，绩效经理应该负责什么数据。层层负责，一级一级往下压，这就是人力成本控制的开始。而这一切的开始都是历史常数倒推法的应用。同时，这也是系统化成本控制的开始，如果只是单纯地降低人力成本，基本就从工资下手了，如果公司的人力成本中八成都是工资，那么直接砍一成下去，员工的激情迅速被削减，从此以后，再恢复信心就非常困难。

历史常数倒推法操作简便，能够迅速找到依据，形成系统化成本控制依据，但由于只参考了历史常数而没有考虑未来可能发生的变化，因此会失去准确性。

二、总额总体控制法

总额总体控制法是一种比较严格的人力成本控制方法，它不拘泥于细节或者细分。在企业产品结构和生产技术水平基本不变的情况下，一定时间内企业人力成本率是一个常数。总额总体控制可以参考行业平均值或者标杆企业的参考值。这样通过相关数据统计和分析，可以算出当期的人力成本率是高于还是低于这个常数，如果是高于这个常数，那么就要从各个组成部分对人力成本进行分析，是哪部分过高了，再相应地进行纠正。

当然还有比较简单的公式，就是计算工资成本率，工资成本率 = 工资总额 ÷ 销售收入，一般来说，工资成本率对于薪酬设计来讲，是很好用的指标。工资成本率和人力成本率呈某种正相关、近似线性关系。这种方法简单易行，但是只能初步判断人力成本是否超出正常范围，如果有超出，还是需要具体分析。

一家公司的人力成本包括工资，含直接人员和间接人员的工资，同时包括招聘的费用、出差费用、面试费用，还有员工的福利，以及一些其他的文体活动费用、培训费用等。把这些数据加起来，就得到了人力成本总额。

如果要做人力成本的总控制，就要先做工资总量，然后根据往年比例的数据乘以它的系数，就可以算出人力总成本。例如，工资是 100 万元，1.5 的费用系数，那么人力资源总成本就是 150 万元。当然，有时候费用计算也没那么准确，所以也可以从人力成本占销售额的比例来计算得出。总之，工资占销售额的比例和人事费用占工资的比例基本上都是一个常数，除非有了突然的变化。

三、年度工资总额控制法

很多企业工资总额占人力成本的比重较大，甚至到了 80% 以上。在控制住了工资总额的情况下，人力成本总额也随之减少。工资总额预算和有效人力成本率有关，有效人力成本率 = 有效成本 ÷ 销售收入，一般来说有效成本率是一个常数。通过有效成本率可以推算出预算工资，当月预算工资 = 当月的实际销售额 × 有效的人力成本率。实发工资分为固定工资和绩效工资，可以通过对年度绩效奖金的分配来达到控制工资总额的目的。

如图 6-5 所示，这家企业应用一个公式：当月预算工资 = 当月实际销售额 × 有效人力成本率，对数据进行监控，从而调整成本。

			情形1	情形2	情形3	情形4	情形5	情形6	情形7
预算工资	当月实际销售额A		5 000	5 000	5 000	5 000	5 000	4 800	5 500
	有效人力成本率B		7.80%	7.80%	7.80%	7.80%	7.80%	7.80%	7.80%
	当月预算工资C	C=A×B	390	390	390	390	390	374.4	429
实发工资	员工总人数		2 500	2 550	2 480	2 550	2 480	2 500	2 500
	基本工资总额D	理论上D : E =3 : 1	292.5	300	280	300	280	292.5	292.5
	绩效工资总额E	E=C−D	97.5	90	110	100	93	97.5	97.5
	当月工资盈亏F	F=C−D−E	0	0	0	-10	+17	−15.6	+39

图 6-5 监控人力成本率

情形1,假设实发工资=预算工资,且固定工资:绩效工资=3:1。

情形2,在销售额固定的前提下,若增加人员,则固定工资一定增加,那么绩效工资总额便少了。

情形3,在销售额固定的前提下,若减少人员,则固定工资一定减少,那么绩效工资总额便增加了。

情形4,在销售额固定的前提下,若增加人员,且固定工资:绩效工资=3:1,则当月工资透支。

情形5,在销售额固定的前提下,若减少人员,且固定工资:绩效工资=3:1,则当月工资结余。

情形6,在人员、工资结构和预算总额不变的情况下,若销售额未能达到目标,那么当月工资透支。

情形7,在人员、工资结构和预算总额不变的情况下,若销售额达到目标,那么当月工资结余。

情形1~情形3,预算工资和实发工资相等,实际上年度调整的奖金就相当于每月预留下来的奖金,适合于每月都要工资清算的情况。情形4~情形7可以把奖金放在年度来调节,先发必须发的固定工资,年底根据奖金余额进行调配,效益好就多发,效益不好就少发或者不发。

这种方法操作比较简单,企业能控制工资的总额,也有一定的激励性,适用于绩效奖金能灵活分配的企业。

四、损益临界推算法

盈亏临界点指企业收入和成本相等的经营状态,即边际贡献等于固定成本时企业所处的既不盈利又不亏损的状态。通常用一定的业务量来表示这种状态。如果达不到双重经营指标,职工的工资总额就要削减,那么保本点分析,经营层在制定对经销部门、生产部门的考核指标或者在制定考核经济责任制时,就可以用到盈亏临界点分析。当企业在盈亏临界点的时候,人力成本率到底是多少呢?通过财务数据可以算出来。

疫情期间为了应对订单不足及较高成本压力,多家制造企业大幅度缩小生产规模,多重因素叠加影响,越来越多制造业挣扎在盈亏临界线上。"疫情致2万多员工待业,贷款发工资也只能撑3个月!"某餐饮集团的董事长一番话引发舆论哗然;有人估计,仅海底捞2020年应收账款损失或将高达50亿元,归母净利润将损失约5.8亿元;北京最大的KTV宣布成本承受不了,破产关店;国内最大PHP培训学校也停止运营……在黑天鹅面前,暴露的不仅仅是慌张,更是没有做过任何的风险精算。企业要把成本核算得精准才行,生产过程也是如此,每个环节盯紧,居安思危,突出临界点,知己知彼才能百战百胜。

与损益临界推算法有关的公式如下:

临界点的人力成本 = 临界点的销售额 × 人力成本率

损益临界点的销售额 = 固定成本 ÷ 临界利润率

临界利润率 = 临界利润 ÷ 销售额 ×100%

临界利润 = 销售额 − 变动成本

损益临界点推算法,如图6-6所示。

年份		2010年	2011年	2012年	2013年	2014年
销售额A(元)		3 500	4 700	5 500	6 100	6 800
固定成本B(元)	费用+间接人工	427.35	534.85	726.55	733.83	
变动成本C(元)	购进+直接人工	2 654.05	3 534.87	4 087.6	4 622.58	
临界利润D(元)	A−C	845.95	1 165.73	1 412.4	1 477.42	
临界利润率E	D/A	24.17%	24.79%	25.68%	24.22%	
临界点的销售额F(元)	B/E	1 768.101	2 157.584	2 829.245	3 092.581	
人力成本率G				8.49		
平均人力成本率H	G/4					
人力成本I	A×H					

图6-6 损益临界点推算法

得出损益的临界点方法需要借助财务力量,涉及变动成本、临界利润、固定成本等概念。固定人力成本指不会因为增加产量或者服务而直接增加的人力成本,而固定成本包括设备折旧的分摊、厂房折旧的分摊、无形资产比如广告费的分摊等,都是比较固定的。只有弄明白固定人力成本这个概念,工作才能更顺利地开展。

当然,这种方法同样有缺点,首先,它一定要依赖于财务的力量,其次,算到临界点的时候,可以算清楚,但超过了临界点,人力成本率就不太好计算,因为从增长率来讲,已经不是呈线性的变化,而是呈规模效应递减规律,人力成本率也在递减,很难确定一个相对不变的常数了。

五、运营成本节约法

运营成本是企业日常维护和管理所需的成本。人力资源运营可以分为几个部分:工资、员工健康保险、养老金和其他福利、销售佣金、办公室物品折旧、公共资源摊销和维修费用等。可以通过优化流程和手续,减少时间和金钱上的浪费。鼓励企业员工发现效率低下的问题并提出合理的建议,企业可以将其视为对自己的贡献,对员工的小额奖励最终可能为企业节省一大笔开支。

(1)可以试试远程办公。租赁办公室、支付物业成本可能会浪费资源,在条件允许的情况下,可以考虑增加团队居家办公,以降低总成本。同时,员工通常也会愿意接受,因为他们也可以节省时间和费用。

(2)提高效率的另一种选择是将某些实操业务外包给第三方专业服务企业。可以设置一个投标系统,要求若干个供应商提供明确报价或者三方比价材料,在他们相互竞争中获得低价。

(3)在线系统和软件可以帮助管理人力资源很多方面的工作,直接减少劳动领域的运营成本。机器人和人工智能不仅比人类更快,而且出错更少。技术还可以改善供应链流程,减少运输原材料成本等。

还有一些非物质因素,这些都是人力资源部门的职责。不仅要提供数据,还可以用数据来辅导、要求,告诉部门经理如何留人、育人,一定要把合适的人放在合适的位置,发挥他的强项和特长。作为人力资源部门,要知道每一个人的优点和缺点,长处和短处,要了解各个部门的业务运作程序,量才适用,扬长避短,取长补短,度其功劳,论功行赏,建立绩效考核制度和奖励处罚机制。

企业一方面是降本,另一方面是增效,在增效的情况下要重点激励每一个人或者是每一个团队,这样的话能够形成全面运营成本的降低。

六、定岗定编推算法

定岗定编之前要先梳理组织架构,如果在组织架构比较凌乱的情况下做定岗定编,是无法获得有效的成本数据的。组织架构设计影响因素比较多,有如下方面。

(1)组织的内外部环境。环境的不确定性影响着企业对环境的信息需求和从环境中获取资源的需求,组织架构设计也正是对这些资源的反映。具体表现在对职位和部门、组织的分工和协作方式,控制过程以及计划和预测等方面。

(2)战略。战略类型的不同,企业活动的重点不同,组织结构的选择也不同。防守型战略更注重内部的管控,进攻型战略更加注重外部市场的拓展,这都会影响组织架构的变化。

(3)组织规模。组织的规模明显地影响着组织的结构。规模较大的组织与规模较小的组织架构在正规化、集分权、复杂性、人员配置比率上有明显差别。

(4)企业发展阶段。一个组织在创业阶段、发展阶段、成熟阶段和衰退阶段在内部控制系统以及管理目标都是不可能相同的,组织架构也顺应变化而变化。

(5)信息技术。信息技术以及信息技术设备的水平不仅影响组织活动的效果和效率,而且会作用于组织活动的内容划分、职位的设置和工作人员的素质要求,信息处理的智能化必将改变组织中的会计、文书、档案等部门的工作形式和性质。

(6)人员素质。组织的运行,需要人的管理和维持,不同素质的人员对组织结构具有不同的影响。组织中人员的素质包括各类员工的价值观念、思想水平、工作作风、业务知识、管理技能、工作经验以及年龄结构等。

在设计好组织架构的基础上，开始分析岗位有什么样的变化，要把每一个岗位分析清楚，并且固定下来，再进行编制的确定。职位编制指每个职位人员的数目规定标准。大多数职位，一个“坑”放一个“萝卜”，即一个职位对应一个人。但也有些职位需要若干个人完成同样内容的工作，即一个职位复制为几个一模一样的“坑”，需要放几个“萝卜”。例如，工厂大门口的保安是一个职位，但由于24小时轮班，这个职位所需人数不止一个。再如，工厂生产线上同样的工作内容需要多人同时完成。将部门内部的职位编制集合起来，就是部门编制。将所有部门的编制集合起来，可以得出企业的编制。这个过程就会发现，编制是1还是10，直接影响到人力成本，这也就是定岗定编推算法，如图6-7所示。

			2019年实际	2020年预计	年度调薪前总额	调薪幅度	调薪后总额
管理人员	副总级	人数	7	7	1 795 752	103.00%	1 849 625
		人均工资	256 536	256 538			
	部门经理级	人数	33	31	5 142 528	106.00%	5 454 080
		人均工资	165 888	165 888			
	……	人数	……		0		0
		人均工资	……				
管理人员	高工级	人数	13	17	3 597 092	114.00%	4 214 685
		人均工资	217 467	217 467			
	工程师级	人数	38	44	7 030 848	103.00%	7 241 773
		人均工资	159 792	159 792			
	……	人数	……		0		0
		人均工资	……				
专业人员	专员级	人数	137	130	10 480 080	103.00%	10 794 482
		人均工资	80 616	80 616			
	文员级	人数	212	210	163 963 800	105.00%	17 2161 990
		人均工资	788 218	780 780			
销售人员		人数	23	30	3 883 320	100.00%	3 883 320
		人均工资	129 444	129 444			
生产人员		人数	2 718	3 200	54 067 200	120.00%	84 880 840
		人均工资	16 896	12 896			

图6-7 定岗定编推算法表单

定岗定编是企业管理中的难题。很多企业的困惑在于，各部门都喊人少，结果人员越来越多，企业效率却没有提高。面对竞争加剧且具有不确定性的未来，需要科学、准确地确定职位及部门编制，从技术、组织、机制等角度形成立体的解决方案。从细微处对应的职位出发，精细化地厘定职位要求、工作内容以及工作量等，结合员工素质，精准地确定编制。处理好企业内部的人员比例关系，例如前台人员与后台人员比例关系、管理人员与非管理人员比例关系、总部人员与分支机构人员比例关系、一线生产人员与生产辅助人员比例关系、研产销各板块人员比例关系等。确定这些比例关系时，需要借鉴同行企业的经验和规律。在一定的预算、薪酬总额以及人工费用率框架下制定编制，依靠企业内部专家的经验和对业务趋势的把握，高效、准确地确定编制。不能唯量化是从，不必追求复杂的数据模型，在不确定的环境下，可以做到因地制宜，适时调整。

七、人力成本预算科目法

第七种方法是用人力成本预算的科目开始，每年初企业都会做人力成本的预算，一般会把薪酬福利、招聘培训等费用细化。比如招聘费用有广告费、线下招聘摊位费用、异地招聘有差旅费用、面试费用、体检费用等，这样细化的时候，逐一用人力资源预算的科目进行人力成本调整，它几乎涵盖了人力成本能涉及的所有财务性科目，甚至有一些科目还可以继续细分，如图 6-8 所示。

工薪部分	工资部分		职务补贴	奖金部分		加班工资
	岗位工资	绩效工作		年终奖金	特殊奖金	
福利部分	食宿费用	交通费用	保险费用	公积金	其他福利费用	
招聘费用	广告费用	摊位费用	差旅费用	面试费用	体检费用	其他费用
培训费用	设备设施费用（亦可列入固定资产）			低值易耗品费用		
	外派培训	人次	培训费用	差旅费用	评估费用	其他费用
	内部培训	导师费用	学员工资	评估费用	其他费用	
其他费用						

图 6-8 人力成本预算科目与计划表

如果做成本控制的话，可以按项目去减免，很多企业也是这样去做的，经常会听到“把培训费用砍掉”，其实本质就是人力成本预算科目法。

其实培训还是要做的，因为培训能促进学习，帮助成长，加大企业知识领域的更新，然后增加管理经验，能够更好地促进效率，所以说培训工作是增效的部分。可以“砍掉”一些培训周边性的费用，比如说教材，用电子版可能也省很多。

人力成本预算科目法这种方式能够有效控制成本，而且不会伤及企业的元气。企业最怕的就是与经营有关的东西，脱离出来之后，很难重建。因此，在企业里人力成本做预算的时候要更细致一些，需要各个细项去监测增长或降低情况，同时也有助于控制。比如，今年的培训费用越来越少，员工学习的时间会不够用，组织学习时间太少，这个事情检测到之后，在总额一定的情况下，把其他的费用放在培训费用里，或者在每年中间节点调整预算的时候，再把人力成本投入一些，这种所谓的“拆东墙补西墙”的方式，如果能够拆出的是真正的“本”，补的是真正的“效”，应该是成本管理的最佳方式。

八、其他人力降本法

人力成本还有一种方法叫蓄水池法，蓄水池法是把人力成本拿出一部分来作为一个蓄水池，降低多少还是增加多少，会有一个缓冲的区域。

除了蓄水池，还有成本中心的责任下移方法。把人力成本预算分解到各个部门或下属的子公司、事业部，然后控制权下移，总部只监测总量，对各个组织的人力成本进行考核，至于结余和超支部分，可以列入奖励和处罚的方向。

很多人也把这种责任制，包括成本中心下移的方式，写进了合伙人制度。很多合伙人制度是带有一种成本预算里面的盈利和分红权。合伙人制度是一个综合性的制度。

其实高级的人力成本控制至少需要一个分析维度和分析模型，比如可以根据人员的类型做分析，通过不同类型员工的薪酬、培训、招聘、离职的比例,对不同人员通过对比挖掘出一些问题的根源。如果看到研发临时成本高,是否采用了一些培养机制,是否在这方面投入不够,是否用人力成本控制来解决,是增加还是减少。

再就是要抓住人力资源分析的关键要点。比如招聘渠道花10天到20天的时候,分析不同人员通过何种渠道招聘成本最低,哪些人员通过合同取消合格率最高,这些都会有一个概率在里面,这也是人力成本分析最有价值的地方,能够有效地控制成本。

企业的痛点也是人力资源成本分析的一个重要维度。任何企业在人力成本投入和管控上都有痛点,哪些核心人才的人力成本管理有问题,企业招聘投资的重点是什么,如何大幅度降低离职成本。这些重点都是利于分析决策,并且有效控制人力成本的主要问题。分析人力成本的时候有两个抓手,一个是有效成本,另一个是无效成本。无效成本是不能为产品或者服务增值的人力成本,也就是说花了钱办不了事情,不需要一些职能工作的程序,然后还有工作量不饱和的一些富余人员,以及成本投入和绩效产出比较低的人员,这都是无效成本的表现。有效成本,是增效有利的方式。有效成本和无效成本之间是相对立的,人力资源的有效性是在人力成本投入之后能够产出较大的增值效果。把人力成本放在有效的方面,就会产生产品服务增值。一般来说管理者是战略服务者,如果把管理者和员工之间的利益有效地联系在一起,管理者就能主动关心人力资源问题,也能够产生一些增值的效应。把握好人力成本的关键在于能够对各个维度进行详细地分析,把握员工的动态,利用理论的方式和规律方法进行有效地干预,这才是综合人力成本分析的过程。

第四节 裁员的时机

一、裁员工作本身就是一大成本考验

很多企业用裁员的方式来进行降本增效的处理,这样的方法简单直接,

但是受到的影响也很大。裁员不完全等同于辞退，裁员是企业在特定的条件下，依法集中辞退员工的行为。在法律的框架下，有四种情况企业可以规模性裁员：第一是企业马上要破产，法院已经宣布进入法定整顿的期间，这个时候进行大规模的裁员；第二是经营发生严重困难，符合当地政府规定，才能进行裁员；第三是如果出现企业转产、重大技术革新或经营方式调整，条件是变更劳动合同后，仍需要裁员的情况；最后是因劳动合同订立时所依据的客观经济情况发生重大变化致使劳动合同无法履行的。这里的重大变化指自然灾害、政治环境等不可抗力因素。

国家是不提倡裁员的，推出以工代训、稳岗返还、失业保险、再就业帮扶等方法。国家和地方的专项行动有很多，比如推动援企稳岗、用工引工、再就业帮扶等政策落地，确保就业局势总体稳定。

因为裁员是依法裁员，所以企业需要向员工支付大量的经济补偿，从这一点来看，并不利于企业的人力成本控制，因为短期内会使企业的裁员成本大大增加。除了金钱成本以外，由于企业裁员是大规模性的，其中一些关键人才、知识和技术的流失是非常严重的。随着裁员而走的，还有企业客户和供应商的流失，对企业正常的经营和业务运转都会带来直接的影响。对员工的影响也很大，被裁撤的人员对雇主企业不会有好的口碑，雇主品牌形象受影响很大，即使被企业留下的员工，也会人心惶惶，士气下降，企业为了维护正常的运营，势必会弥补由此问题而增加员工的重置成本，在员工离职后，很多岗位的职责、工作流程都会发生一定的变化，包括招募费用、岗位培训费用等都会增加。企业以降本增效为目标，当然会主动地采取裁员措施，但裁员的对象是企业内部大量低效甚至无效的人力资源。所以，企业要在降本增效的前提下，选择适当的时机和适当的方式裁减员工和机构。

二、裁员的三大分类

1. 经济性裁员

经济性裁员核心是经济性，经济性其实就是指成本。企业的成本压力过大进行的裁员，就是经济性裁员。成本压力过大是市场因素影响或者企业经营不善,出现严重困难,面临生存危机的时刻,为缓解经济压力,降低运营成本,企业被迫采取裁员。例如,诺基亚手机业务市场占有率逐年下滑,企业亏损日益严重,并采取裁员措施。其裁员即为经济性裁员,是由于其经营下滑无法担负其庞大的人力成本支出。根据《中华人民共和国劳动合同法》第四十一条,企业在经济性裁员时有"七种人"不能裁减。

(1)无固定期限劳动合同的员工。

(2)劳动合同期限较长的员工。

(3)家中只有一人在工作的员工。

(4)因工负伤,被鉴定为丧失劳动能力的员工。

(5)患病,或非因工负伤、仍在医疗期的员工。

(6)处于孕期、产期、哺乳期的"三期"女员工。

(7)在企业连续服务15年,距离退休不足5年的员工。

2. 战略性裁员

战略性裁员也称结构性裁员,这种情况下一般与企业经营状况无关,只是企业出于战略调整或者架构进行改革为目的而进行的裁员,战略性裁员方式产生的影响往往都是有利于企业长远的发展。国际性的大企业一般都会战略性裁员,因为业务方向提供的产品或服务总会发生变化,从而导致这些企业内部组织机构的重组、分立、撤销引起的集中裁员。

作为全球IT与云计算领域的重要级厂商,IBM这些年的发展并不顺利。最近一次裁员是1 700人,这种情况对于IBM被裁员工来说影响颇大,但放在全球范围内,这只是IBM整体战略的正常性调整。IBM发言人艾德·巴比尼表示:"IBM所在的市场竞争激烈,需要保持灵活性,以便持续为员工增加高价值技能。虽然我们始终都会考虑目前的环境,但IBM的人事决策主要还是出于对业务长期健康的考量。"疫情期间裁员对员工是不小的打击,IBM也认识到员工的困难,因此决定在2021年6月之前为所有受影响的人员提供医疗保险补贴。

3. 优化性裁员

优化性裁员是企业为保持人力资源的质量,根据绩效考核结果解决那些业绩不佳、不能满足企业发展需要的员工的行为。例如,华为的末位淘汰制,淘汰比例为5%;而SOHO中国的淘汰比率则为10%,由于末位淘汰制并没有适合的法律依据,高比例的末位淘汰制也常常被视为企业的裁员行为。其目的是保留能力强、业绩优的员工,淘汰能力较弱或较差的员工,以维护企业高劳动生产率水平,提高企业的竞争力。

以上三种裁员形式中,结构性裁员和优化性裁员属于企业主动裁员行为,经济性裁员属于企业被动裁员行为。从以上三种裁员形式的比较,可以发现裁员是企业经营管理的一部分,是一种正常的人力资源管理行为。

三、裁员时机的选择

在裁员过程中会产生很多成本,在时机选择较为恰当的时候,还是有一定的主动权,虽然付出了一定成本,但是获得的效益是较大的。

(1)在经济危机或者公共危机时期,成本问题会骤然成为企业突出问题。受危机影响企业的经营效率下降,业绩收缩,冗余人员增多,成本凸显成为企业的负担,企业会出现裁员行为。此时,企业所采取的裁员措施较容易为员工所接受。

(2)对于重大转型的企业会出现结构性裁员。企业发生并购,产品或服务转型等也可以通过裁员来优化人力成本。国外大企业的转型很快,结构性裁员较为频繁,而国内大规模的、非常明确因为转型而进行裁员,最典型的企业应该是美的,在2011年方洪波实施了减员瘦身、战略转型。因为多年的快速发展,导致美的“虚胖”,产能过剩、市场收缩。这一年,恰逢方洪波上任。首先进行的是产品“瘦身”,从2.2万个产品直接减少到2 000多个。美的风扇原来有150多个型号,现在精简到只有20~30个;洗衣机原来有2 000多个型号,现在精简到只有450个。其次是“流程再造”,推广“T+3”计划,三天经销商下单,三天备料,三天生产线,三天配送发货,周转天数从十五天缩短到9天。原来从产品出厂到消费者手中,需要装卸6次,现在下降了一半。最后是组织扁平化,打破“科层制”,推进“合伙人计划”。“瘦身”的结果是,美的关闭了10多个工业园区和制造基地,变卖了7 000

亩厂房用地和工厂设备。当时管理人员2.5万人,员工总数接近20万,在一年内,仅仅管理人员就缩减了1万人,共计裁员大约7万人。

(3)核算成本后,效益明显,有清晰的裁员规划路径时,可以进行一定的裁员。裁员对人力成本所要考虑的因素是多方面的,一般的裁员考虑裁员时支付给员工的补偿、裁员可以为企业带来的成本下降、重置成本、重置引起的效益变化以及裁员为企业带来的无形成本的变化等。企业决策是否采取裁员措施时,也会参照各项成本或收益的变化情况加以判断。有两项重要的核算成本,裁员前期一定要核算清楚,即补偿金和裁员后减少成本的计算。

①企业裁员时支付给员工的补偿根据国家法律法规,应根据员工在企业的工作年限,按照在企业工作每满1年补偿1个月工资的形式,工作6个月以上不足1年的,按1年计算;不满6个月的,给付半个月工资。如果企业在裁员中出现违反相关法律法规规定情况的,还要给付相当于1倍补偿金的赔偿。实际工作中,企业在经济性裁员或战略性裁员时,为避免裁员成本的增加,会采取与员工协商解除劳动关系的形式,并在员工工作年限的基础上,增加1~3个月的工资作为补偿。

②裁员影响企业的人力成本变化。裁员后,企业可减少的人力成本包括:企业支付给员工的工资、社会保险、福利费用等;因为工作人数的减少而减少的房屋租金、办公费用等;因裁员造成降低而节省的机会成本等。其中,裁员后可省下的工资、社会保险、福利费用等是可以计量的;因工作人数的减少而减少的房屋租金和办公费用等,则需要根据实际情况进行判断,计算上略有难度;因裁员造成收入降低而节省的机会成本则主要靠管理的主观判断,较难用数字表示。

| 第七章 |

要务5:人力内控审计全面节本

第一节　降本增效利器:人力资源内部控制系统

一、人力资源内部控制与人工成本管理关系

人力资源内部控制是实现人力资源成本管理目标的保证。在已经到来的知识经济时代,人力资源已然是企业的关键资源,对资源的管理也一直是经济学、管理学、社会学等学科强调的重点。企业一方面加强人力资源管理,另一个方面实现成本管理,对实现企业的战略目标具有重要意义。

人力资源内部控制对企业的要求是首先应当制定一套符合企业战略目标并与企业环境相适应的人力资源政策和策略,然后确保这些人力资源政策和策略的执行。要形成良好的人力资源政策与实务,成本管控意识和习惯,就应当有良好的人力资源政策制定与执行的内部控制。人力资源内部控制能为人力资源成本管理的实现提供合理保证。企业应当将人力资源内部控制与人力资源成本管理过程整合起来,使人力资源内部控制贯穿于人力资源成本管理的各环节,只有将人力资源内部控制内置于人力资源成本管理过程中,才能使人力资源管理有效地进行,实现本质性的降本增效。

二、人力资源内部控制五大构成要素

财政部会同证监会、审计署、银保监会制定了《企业内部控制基本规

范》,其中对人力资源内部控制规定应当包括内部环境、风险评估、控制活动、信息沟通和内部监督五个要素。

1. 人力资源内部环境

环境可以理解为环境因素,分为内部环境因素和外部环境因素。外部环境最大因素是政策法规的变化和人才市场的供需情况。内部环境因素主要包括管理层人才理念,员工职业道德、专业胜任能力、诚信和道德价值观,治理结构、机构设置及权责分配、内部审计、企业文化等。内部环境是企业实施人力资源内部控制的基础,为企业人力资源内部控制设置了“高层基调”。

2. 人力资源风险评估

人力资源的风险来自人力资源政策的制定、实施与总体目标的差别,比如本来制定了一个销售人员薪酬激励政策,结果很多人因此舞弊,这是一个较大的风险。因此,人力资源的风险评估是指及时识别、系统分析经营活动中与实现人力资源内部控制目标相关的风险,合理确定风险应对策略的过程。人力资源政策的法律风险也是很多企业不能触碰的红线,很多企业忽视法律规范,只是结合自身利益进行员工管理,这样会导致各种投诉和失信。

3. 人力资源控制活动

在风险评估结果出现后,采取对应的干预措施,将风险管理控制在可承受范围之内,即为人力资源控制活动。因此,岗位职责的标准和任职要求、合理的人力资源规划、规范招聘和离职程序、严格合适的人力流程、适应性的薪酬制度、科学有效的绩效考核和劳动保护措施等,都是控制活动的关键环节。

4. 人力资源信息沟通

及时、准确、有效的信息能够让人力资源政策顺利落地实施,能够促进管理层快速决策,增加上下级和部门间的沟通,同时也能做好与外部机构的沟通。

5. 人力资源内部监督

内部监督是一种持续监督方式，是融入企业日常发生的各项经营活动和管理活动中的最佳方式。但是很多企业由于资源有限，内部监督做成个案评估，遇到一件事，评估判断处理一件事。如果不成体系，建议执行人力资源内审制度，内部审计部门对人力资源内部控制有效性进行评估，确定人力资源内部控制的功能及其重要程度，调查内部控制功能的发挥情况，分析存在的问题，并提出改进建议。

三、人力资源成本内控模型

如果把一个职场人从接触企业开始，到企业离职结束的成长过程看作一个整体，应该把人力资源管理分为8个步骤，即应聘、面试、入职、定薪、培训、考核、调转、离职过程，这8个步骤就是人力资源管理工作的各个环节，而且这些环节都会产生成本和费用。比如，在应聘面试环节，会出现招聘成本、选聘成本、录用成本等。从成本分类的角度，将人力资源成本划分为选拔成本、培育成本、使用成本和离职成本四项。

人力资源成本控制模型，如图7-1所示。

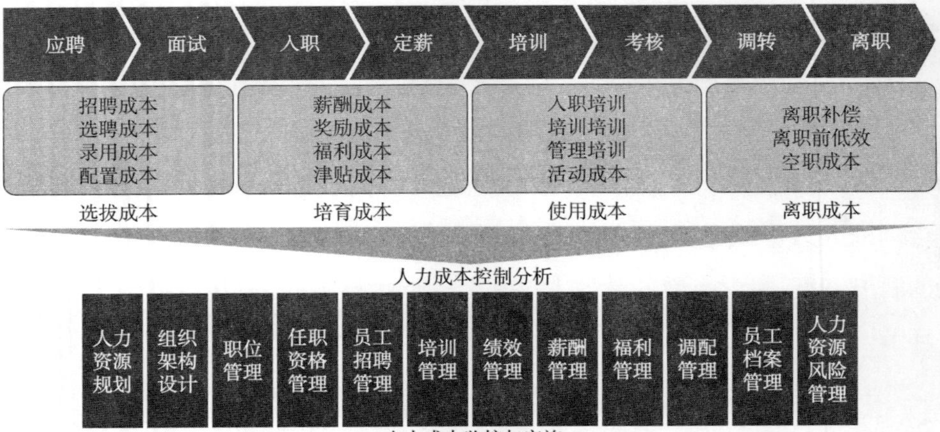

图7-1 人力资源成本控制模型

人力资源成本内控模型是在人力资源管理思想的指导下,在企业管理经验的支持下,用于分析企业环境、改善企业成本问题的内控概念模型,人力资源成本内控模型阐释了人力资源管理要素之间的结构化关系和图形化思想。

人力资源成本内控模型有良好的框架性,能全面、深入、有效地刻画管理现象、业务实际和问题本质面,而且符合成本管理要求,契合成本管理目标。模型的输出起到指挥棒的作用,指出改进方向、引导提升策略。人力资源成本内控模型的可操作性一方面是模型本身的数据容易获取,容易本地化、个性化,技术上也能快速实现,另一方面指的是运用模型的人能与其工作内容对接上,在相应的应用场合、边界条件下能用模型做实际操作,找到"工具"和"炮弹",有效支持工作,提升工作效率,提高工作效果。

各个企业人力资源管理方法不同,但其目的都是提高人力资源的使用效率,这是人力资源管理的核心。提高人力资源的使用效率,一般都是从人力资源成本内控模型的选拔成本、培育成本、使用成本和离职成本四方面着手。进而延展出人力资源规划、组织架构设计、职位管理、任职资格管理、员工招聘管理、培训管理、绩效管理、薪酬管理、福利管理、调配管理、员工档案管理和人力资源风险管理共12项内容。

1. 人力资源规划

人力资源规划是为实施企业的发展战略,完成企业的生产经营目标,根据企业内外环境和条件的变化,通过对企业未来人力资源的需要和供给状况的分析及估计,运用科学的方法进行组织设计,对人力资源的获取、配置、使用、保护等各个环节进行职能性策划,制订企业人力资源供需平衡计划,以确保组织在需要的时间和需要的岗位上,获得各种必需的人力资源,保证岗位得其人、人尽其才,从而实现人力资源与其他资源的合理配置,有效激励、开发员工的规划。

2. 组织架构设计

组织架构设计通过对组织资源的整合和优化,确立企业某一阶段的最合理的管控模式,实现组织资源价值最大化和组织绩效最大化。通俗地说,也就是在人员有限的状况下通过组织结构设计提高组织的执行力和战斗力，即对组织的组成要素和它们之间连接方式的设计。组织架构设计是根据组织目标和组织活动的特点，划分管理层次，确定组织系统，选择合理的组织结构形式的过程。

3. 职位管理

职位管理，就是以单个职位为管理对象，通过职位分析来明确不同职位在组织中的角色和职责以及相应的任职资格；然后通过职位评估等分析工具来确定职位在组织中的相对价值大小，在组织内部形成职位价值序列。组织的人力资源管理体系也以职位管理为平台，建立相应的薪资、招聘配置、培训发展等体系。

4. 任职资格管理

从称职胜任角度出发，对员工能力进行分等分级，以任职资格标准体系规范员工的培养和选拔，建立员工职业发展通道，牵引员工不断学习，同时为晋升、薪酬等人力资源工作提供重要的依据。其主要包括任职资格标准，任职资格定级评价，任职资格调整与管理，任职资格落实与反馈。

5. 员工招聘管理

招聘指招收和聘请职员参加工作。招聘职工必须遵守一定的制度和办理一定的手续，招聘者与被招聘者应订立劳动合同，将工资、待遇、工时、试用期等加以规定。

6. 培训管理

培训管理是企业人力资源管理体系的重要组成部分，培训管理是对人员进行培训所做的管理。现代企业之间、行业之间以及行业内部之间的竞争，归根结底是人力资源的竞争，其核心是人才的竞争。有效的培训管理将使员工在知识、技能、态度上不断提高，最大限度地使员工的职能与现任或预期的职能相匹配，进而提高工作绩效。

7. 绩效管理

所谓绩效管理，指各级管理者和员工为了达到组织目标，共同参与的绩效计划制订、绩效辅导沟通、绩效考核评价、绩效结果应用、绩效目标提升的持续循环过程,绩效管理的目的是持续提升个人、部门和组织的绩效。

8. 薪酬管理

薪酬管理,是在组织发展战略指导下,对员工薪酬支付原则、薪酬策略、薪酬水平、薪酬结构、薪酬构成进行确定、分配和调整的动态管理过程。薪酬管理要为实现薪酬管理目标服务,薪酬管理目标是基于人力资源战略设立的,而人力资源战略服从于企业发展战略。薪酬管理包括薪酬体系设计、薪酬日常管理两个方面。

9. 福利管理

福利是员工的间接报酬,一般包括健康保险、带薪假期或退休金等形式。这些奖励作为企业成员福利的一部分,奖给职工个人或者员工小组。福利管理是对选择福利项目、确定福利标准、制定各种福利发放明细表等福利方面的管理工作。

10. 调配管理

调配是指已就业员工在不同部门、不同地区、不同单位之间及单位内部不同岗位之间的调剂。它是员工分配的重要内容,也是员工管理的重要手段。其基本形式,从批量上可分为成建制调动、成套调动、成批调动及零星调动;从时间上可以分为正式调动、临时借调及定期协作。

11. 员工档案管理

职工档案指企业劳动、人事部门在招用、调配、培训、考核、奖惩和任用等工作中形成的有关职工个人经历、政治思想、业务技术水平、工作表现以及工作变动等情况的文件材料。

12. 人力资源风险管理

人力资源风险已经成为企业目前最常面临的风险之一。它贯穿于人力资源管理的各个环节,表现为薪酬风险、绩效风险、培训风险、招聘风险、劳动风险和员工离职风险等多种形态。这些风险既可能来自“人”本身的特性,也可能来自“人力资源管理”的属性,以及复杂多变的外部环境。

第二节 战略性人工成本审计

一、战略性人工成本审计分类

在进行人力资源政策制定与实施内部监督时，企业应当特别重视发挥内部审计在人力资源内部控制中的作用。内部审计部门应开展人力资源管理审计。在进行人力资源管理审计时，内部审计部门应对人力资源内部控制的有效性进行评估，确定人力资源内部控制的功能及其重要程度，调查内部控制功能的发挥情况，分析存在的问题，并提出改进建议。

人工成本审计是人力成本控制重要组成部分。它是按照特定的标准，采用综合性的研究分析方法，对组织的人工成本管理系统进行全面检查、分析与评估，为改进人工成本管理功能与技术以及问题产生的机理，提供解决问题的方向与思路，从而为组织战略目标的实现提供科学支撑。人工成本审计的核心内容是人工成本战略审计、人工成本功能审计及人工成本技术审计。

1. 人工成本战略审计

人工成本战略审计的第一个层面是要确保人工成本战略支撑企业战略。对于降本增效，人力资源管理人员仅在职能范围内或可操作的范围内考虑管理是不够的。当下组织处在复杂的环境中，要求越来越快、越来越有效地采取战略对策。要求人力资源管理者必须了解战略问题和组织的其他部分相互融合，这种要求可以从“人工成本的战略性视角”中找到从企业目标、战略规划、愿景与价值观，一直到企业的人工成本体系并最终实现企业竞争优势的一个逻辑发展过程，以此来判断人工成本战略与企业战略以及人力资源战略的一致性。

人工成本战略审计的第二个层面是要确保成本优先战略支撑企业的竞争战略，即确保人工成本战略审计必须与企业的成本优先战略、差别化战略和集中化战略等要求保持一致。在成本优先战略下，企业的战略目标是覆盖整个市场,企业的竞争优势集中于成本低于竞争对手,产品线的要求是生产质量好、标准化的产品,从而人工成本审计就需要强调以工作为基础的薪资、低工资成本、重新审视企业奖励的实践,达到既要金钱奖励,又不能增大不必要的开支以及用绩效评估作为控制机制,鼓励节约与降低成本。

2. 人工成本功能审计

人工成本功能审计要解决的问题在于人工成本功能与企业其他职能之间的匹配以及人工成本功能与人力资源管理中的其他功能之间的整合。人工成本功能不仅需要在特定的企业战略框架下与各职能战略保持一致性,而且也必须在组织发展的不同生命周期阶段与各业务职能领域保持匹配,这样才能确保人工成本功能在企业的动态发展过程中时刻保持适应性。显然,一个企业在初创期、成长期、成熟期、衰退期的市场、生产、财务等功能方面的要求是不一样的,人工成本功能也不可能"以不变应万变"。对人工成本功能整合进行一个比较清晰的归纳,如强化业绩管理、延伸员工技能基础、为员工能力和职业发展服务、强化就业质量、增强员工责任感以及增加激励效果等,并根据这些不同的战略来确定人工成本功能应该具备的要求。

3. 人工成本技术审计

人工成本技术审计首先要解决的问题是各种不同的人工成本手段在运转方式、实施效果、成功条件以及面临的风险等方面有哪些共性和不同之处;其次,人工成本技术审计要解决的是不同的人工成本方案的各自特征;最后,人力资源管理实践中所使用的人工成本手段和人工成本方案是否合适。

现在的人力资源管理乃至管理咨询更多关注的是"结果导向",即提供人工成本解决方案,而不太关注或没有意识到方案的前提,甚至有时根本就不理会这个前提。因此,在人工成本管理实践中,很多方案作为"药方"要么根本不能解决任何问题,要么根本就不能执行,要么可能产生更大的副作用,严重损害了组织的功能。将人工成本管理问题放在首位,即重心前移,能够极大地提升解决方案的针对性,有效降低解决方案产生副作用的风险。管理解决方案是以解决问题、消除缺口为目标的,但仅仅知道问题和缺口是不够的,还必须把握问题和缺口产生的机理。此外,任何解决方案都必须在实施之前进行机理分析,以确定方案能否真正解决想要解决的问题,以及发生意外的概率与补救措施的选择。

考虑到人工成本管理实践对于企业人力资源管理乃至整个企业战略的影响日益加深,基于人工成本审计的人工成本管理才是最有效的模式选择。

二、人工成本审计内容和目的

人工成本审计是一种基于市场人工成本水平和专业意见的人工成本数据服务。由审计专业小组对审计企业进行访谈和研究,并结合相关行业的人工成本数据报告和最佳实践,对审计企业现行人工成本体制中战略、体系、结构等方面存在的问题进行评估。基于企业实际情况,从内部公平性、外部竞争性、激励效果、支持战略程度等方面对人工成本管理体系进行审计。针对企业战略发展要求,结合市场人工成本调查结果,提出需要修改的地方以及相关的建议。

人工成本战略审计的内容包括如下方面。

(1)企业背景:所处地域、成立时间、企业性质、发展阶段等。

(2)企业规模:总人数及人员结构、总资产及资产结构、营业额、利润、人工成本总额等。

(3)企业人工成本政策:总人工成本领先、跟进、滞后或者固定人工成本领先、跟进、滞后,需考虑环境约束。

(4)对比目标群选择:根据以上所述,选择对比目标群。

通过这一审计报告,企业可以全面了解自身在人工成本战略、人工成本定位、人工成本体系、人工成本结构及人工成本管理制度中存在的问题并获得进行下一步人工成本管理体系优化的工作步骤。通过全方位的了解和审视,为企业进一步对人工成本管理体系进行相关的调整和改善打下坚实的基础。

人工成本审计的主要目的如下。

(1)帮助企业明确自身的人工成本战略。

(2)帮助企业了解特定市场的人工成本水平。

(3)帮助企业了解自身人工成本的实际定位。

(4)帮助企业了解现行人工成本支付水平的合理性。

(5)帮助企业了解现行人工成本结构的合理性。

(6)帮助企业了解自身人工成本管理系统的有效性。

人工成本审计报告的具体内容包括人工成本战略审计、人工成本体系审计、人工成本结构审计和人工成本水平审计。

三、人工成本审计的实施步骤

在进行人工成本审计的过程中,需要明确整体审计工作的思路,将从人工成本审计的四个方面详细解释每一个模块的目的和主要方法。

首先,为什么要对人工成本战略进行审计。对于一个企业的人力资源整体管理来说,整个政策的制定和执行需要对企业整体的业务发展起到很好的推动作用。也就是说,人力资源战略必须与企业的发展战略相吻合。因此,要在充分掌握行业特征的基础上,帮助企业确定其目标人工成本战略是否能够对业务发展有足够的支撑。

通过对企业经营目标、所处发展阶段、业绩表现的研究,加上对市场中类似企业的人工成本战略和政策的了解,在此基础上确定企业的人工成本战略及政策,并确定最终的对比目标群,从而对人工成本战略和人工成本给付理念进行建议。在经过企业的确认后,与企业目标人工成本战略进行比对,对其中不能完全匹配的部分提出修改建议。

其次,在完成对战略的检视后,就需要对人工成本体系进行审计。通过对人工成本体系的审计,帮助审计企业了解现行人工成本体系的内部公平性和外部竞争性。

人工成本体系审计主要通过以下方法进行:通过对企业人工成本战略的了解,在获得审计企业的认可后,对实际执行的人工成本体系进行回顾,审计专业小组提出对企业人工成本定位和人工成本区间的建议,对不符合的方面提出修订意见。

人工成本体系审计的主要内容包括：企业的整体人工成本定位；企业的人工成本区间与差距；不同职能体系的设置和体系之间的人工成本差异；不同分子企业之间的人工成本差异；人工成本与绩效考核的结合等。

再次，在完成人工成本体系的同时，审计专业小组也要对审计企业的人工成本结构进行审计。通过对人工成本结构的审计，审计专业小组帮助审计企业了解自身人工成本体系中各个部分详细的组成比例，对福利与现金的激励有效性进行分析。在分析中要注意了解企业所处的行业阶段、文化背景，员工的心理、喜好等重要因素，对企业的高层需注意长期激励的影响。

人工成本结构主要包括以下几个方面：工资构成比例、固定和浮动比例、工资档位差距、不同岗位和不同级别之间的差距、幅宽问题、员工发展通道、福利的激励有效性、企业高层的长期激励等。

最后，在完成了对战略、体系和结构的审计后，审计专业小组需要通过与外部市场数据的比对检验审计企业的整体及关键职位的人工成本水平。在了解企业针对各个岗位的目标人工成本给付水平的基础上，结合市场数据、供求关系，对岗位人工成本水平进行比对，从而提出目标人工成本水平和实际人工成本水平的对应关系。其目的是帮助审计企业了解各个岗位人工成本水平在市场中的定位，检验自身的人工成本战略是否得以正确实施。

其中包括：不同区域的人工成本水平；各职能序列的人工成本水平；关键岗位或特定岗位的人工成本水平；进行初步的人工成本测算，以保证调整建议的可实施性。

四、人工成本审计各阶段的方法

整个调研过程包括企业信息汇总、收集、分析和完成报告，以及贯穿整个调研过程的一系列有企业参与的沟通会，会上双方将介绍目前工作的进程、重大发现和建议，并进行充分的沟通和确认。

在工作的第一阶段，主要通过访谈、问卷以及企业信息进行了解和分析,明确集团企业人工成本战略和现行人工成本管理办法,对现有的人工成本福利体系进行初步诊断。在汇总分析了内部关键岗位访谈结果,其他岗位的问卷调研结果以及对企业现行人工成本体制和管理方法研究后,形成初步的诊断分析意见。

访谈前期需要确定访谈成员,制订访谈计划,确定工作时间进度。对这次项目有参考价值的相关信息包括:企业的目标对照组、企业的经营目标和发展阶段、企业的人工成本竞争力要求、企业的人工成本结构、企业的内部部门设置和人工成本差异以及其他需要进行比对的信息。审计专业小组会根据收集的信息和资料,对企业人工成本战略、企业人工成本给付理念、企业人工成本整体水平、企业人工成本结构、企业中各个岗位的人工成本水平进行分析。

第一阶段结束后,将进行职位匹配和评估工作。审计专业小组会与企业进行面谈或电话会议,进行岗位对位的工作。职位匹配的主要目的在于保证企业的数据能够和市场中相对应的岗位进行对比。职位匹配一般包含两部分工作:职位内容匹配和职位水平匹配。对于内容匹配,将与企业一起按照标准岗位列表和岗位职责描述进行相应的确定;对于水平匹配,将利用自己独立开发的评估工具对市场数据进行统一评级。

接着,审计专业小组需要完成数据收集和审核的工作。数据收集主要在企业的指导下进行,进行数据收集会向企业解释项目的定义以及填写方法,保证企业填写方便。数据审核的主要目的在于确保企业填写数据的准确性和有效性,包括人工成本项目审核,主要对企业提交的数据所包括的项目进行审核;人工成本水平审核,主要对企业提交数据的水平进行审核。收集完企业内部的数据后,审计专业小组需要结合企业的内部数据与外部目标对照组人工成本数据进行分析。包括市场人工成本整体水平、市场人工成本结构、市场中岗位人工成本水平。

在完成所有的准备工作之后,向开始撰写人工成本审计报告。报告中的详细内容包括:集团企业行业特点及发展阶段分析和相应的人工成本战略建议;市场整体人工成本水平和企业体系审计及分析;集团企业人工成本结构审计及分析;岗位人工成本水平审计及分析;相关的调整建议。

报告完成后,向企业提交报告草案并与其进行沟通,根据企业的特殊情况修订报告,最终提交正式报告。之后会负责解答企业疑问,提供上门的讲解和介绍,与企业相关人员进行进一步沟通,确保方案能最终帮助企业解决人工成本管理中的实际问题。其工作流程表如表7-1所示。

表7-1 工作流程表

阶 段	耗 时	工作内容
第一阶段	7天	1. 提供员工调查问卷和资料清单 2. 企业下发员工调查问卷,收集资料 3. 企业回收员工调查问卷,发送给统计分析员 4. 统计分析员工调查问卷,确定访谈时间 5. 提交职位描述模板,公司确认 6. 研读公司相关资料
第二阶段	3天	1. 项目启动 2. 双方确定基准职位并开始访谈 3. 提交补充资料清单 4. 企业提供补充资料 5. 工作分析培训 6. 下发职位说明书模板及填写说明
第三阶段	7天	1. 整理访谈记录 2. 企业回收职位说明书并发送 3. 审核基准职位说明书并发送 4. 企业确认基准职位说明书审核结果 5. 企业确认职位评估方案
第四阶段	7天	1. 职位评估问题沟通 2. 提交市场人工成本报告 3. 职位评估培训 4. 基准职位评估 5. 基准职位评估数据处理 6. 基准职位评估结果沟通、汇报
第五阶段	5天	1. 确定审计报告框架 2. 完成人工成本审计报告并发送 3. 沟通报告有关内容
第六阶段	3天	1. 沟通报告有关内容 2. 根据反馈修改报告

第三节 人力成本审计实操

一、审计先审哪些人力政策

人力成本审计起着员工关系早期预警体系的作用,它是通过指出已出现的和潜在的、由于人力成本的不恰当管理引发的员工不满意的来源而发挥作用的。人力成本审计主要关注但并不是仅仅局限于这些要求以及衡量管理者服从这些要求的程度。表7-2包含了一个审计过程中被审计的四个政策领域的问题样本。

表7-2 人力成本审计中调查问题样本

审计项目	主要问题
缺勤控制	管理者是否有确认有缺勤问题员工的系统?管理者在多大程度上采取了改正措施以控制缺勤?季度缺勤报告是否与部门缺勤记录吻合
绩效评估程序	是否有适用于员工的绩效评估?进行员工绩效评估的间隔是否少于一年?管理者是否与员工讨论绩效
新员工引导	管理者是否为新员工提供了机会,是否给新员工提供了工作指导
请求辞职和解雇	管理者是否在辞职和解雇生效之前咨询了人力资源部

为了方便人力成本审计的实际操作,起初接受审计的活动范围可以局限在一定的问题内,如果成立的人力成本审计小组经验和能力都足以胜任更多模块的时候,可以自主决定审计的范围,克服之前操作过程中的问题,直接进行审计活动,扩大到其他政策领域和应用更加复杂的审计技术。

二、审计的组织基础单元

审计的基础一般是以部门形式出现。部门可以很宽泛地定义为一个或两个工作团队,每一个工作团队都是在一个向部门领导报告工作的一线管理者的管理之下。选择部门作为审计的基本组织单位是出于以下两个考虑。

(1)部门在很大程度上代表了组织中的相关工作团队。

(2)在公司众多分支机构中,每一个分支机构都可以被看作一个部门,因此选择部门不会给人力成本审计带来更大的困难。

虽然许多被审计的部门都是随机选择的,但是通常使用下面两个原则。

(1)被选择的部门应该反映最广泛的管理基础,这样可以使审计活动对组织的影响最大,这一点在实际操作过程中尤为重要。

(2)最近已经或将要重组的部门不应该被选择,因为在这种情况下审计的影响可能是最小的。

审计的主体是由审计小组完成的。审计小组的标准配置为6个审计员、1个执行经理和1个书记员。审计员分为内审和外审两类人,一些大型公司人员众多,自己培训选拔即可,多为内审员。选择内审员的时候,一般会注意三个基础,即财务基础、人事基础和成本基础。

审计员的培训几乎都是在实际工作过程中获得的。审计手册的运用会被示范给审计员,而且新审计员会在审计的所有阶段得到指导。另外也会提供给培训审计师,并将根据其在培训后所进行的审计活动进行分级。

三、审计操作过程

人力成本审计之前可以先编制一个详细的综合手册,该手册包括了审计的所有内容,包括将要被审计的实践以及具体的审计方法。如表7-3所示,审计操作手册还包含一个清单,这个清单提供了使用人事数据系统资料,尤其是绩效评估的程度。为了确定管理者是否与员工共同讨论了绩效评估结果,手册同样也提供了挑选、访谈部门员工的指导和方法。

表7-3 人力成本审计操作手册

预算时间	审计程序	责任人	备注
背景	(输入审计领域的具体措述)		
统计	(输入财务或行为方面的比较数据)		

续上表

预算时间	审计程序	责任人	备注
初步计划	1. 给待访谈部门的合适访谈人选准备并寄发介绍信 2. 准备项目规划,安排好初步调查工作的时间表 3. 进行下列室内调查 (1)财务数据 (2)内部政策、流程手册 (3)可用规章、法律和制度 (4)重要的内部审计报告和管理制度注解 4. 规划并召开员工见面会。明确部门联系人的姓名,落实调查场地,完成审计的现场工作部分 5. 为审计项目准备日常表,估计完成日期编制调查报告索引并上交 6. 阐明观点,并在必要时修改审计方案		
范围	以前期调查工作和风险评价为基础,审计期间将会涵盖(输入客户)从(输入日期)到(输入日期)内的所有工作		
审计目标	(列出所有审计目标)		
概览	1. 获取人力资源部门结构图,并决定是否进行修改 2 审查人力资源员工的工作说明书 3. 审查下列信息是否存在,是否能够按时提供 (1)整体绩效 (2)员工流动水平 (3)缺勤率		
人力资源规划	1. 获取当前阶段人力规划方案,并明确其是否已经得到审批 2. 审查人力规划方案,确定其数据是否可靠 3. 把实际结果与人力规划方案进行对比,找出显著差异并加以解释		
雇佣实践	1. 搜集证据:部门管理层采用的人员招募手段与公司政策具有一致性 2. 搜集证据:员工可以接受招募、调动和晋升解雇等方面的举措和工作安排 3. 选择人事文件样本,了解下面各领域的充分信息招募、调动和晋升、解雇、绩效评价、申诉、培训和开发		
IT 系统	明确各种资料是否得到妥善保管,不致丢失或损坏;只有得到授权的人才可以看到相关资料,关键文件有充足备份		
薪酬	1. 常规的薪酬结构设计和调整 2. 选择有休假、病假、产假等经历的员工样本,分析其薪酬记录 3. 选择薪酬有变动经历的样本员工,分析其薪酬记录 4. 把授权水平分类		

续上表

预算时间	审计程序	责任人	备注
公平就业	搜集为避免歧视(性别、民族、年龄、种族)等方面的行为和预期目标		
健康与安全	明确已经采取了哪些行为以与当前法律和制度保持一致		
培训与开发	1. 获得培训流程方面的样本信息 2. 搜集证据:培训和开发工作得到了部门管理人员的配合		
组织	审查赞成、成立和批准企业的具体流程及制度并确保所有员工都有了解		
内部沟通	审查与提高员工对企业规章制度、职位空缺重要事件等问题认知的相关流程和举措;确保所有员工都有获知信息的平等权利		
审计整合	1. 同审计主管、部门负责人和审计员讨论所有审计发现,并在得到他们的批准后与客户管理人员进行讨论 2. 总结和归纳 3. 完成工作报告并制作索引 4. 如果有需要,计划并召开总结会议 5. 呈交审计报告		

由于突然袭击并不是审计过程的一个影响因素,因此部门领导会被事先告知要进行审计,而且事先的任务安排也是审计活动的一部分。然后,为了从员工人事档案资料和人事数据系统档案中获得相关的资料,将会由一位审计员对企业的档案资料进行搜索。数据搜索完成之后,审计员要对部门领导简要说明整个审计程序以及审计过程中所需要的支持。在讨论过程中要把重点放在人力成本审计的促进作用上,即帮助管理者发现和改进他们在人事政策执行过程中的弱点。

然后,审计员进行部门档案搜索。需要审计那些记录员工工作时间的文件,并且通过对进入或退出部门的员工进行直接调查来证明这些文件为了补充从档案资料搜索中获得的数据,审计员要对所有部门领导和10%~20%的员工进行访谈。这样审计的初步结果就会被编纂出来并由审计员在报告会上呈报给部门领导。在审计员对初步结果进行校订以反映新情况,或在对管理人员详细了解情况的过程中又澄清了信息之后,审计员就会准备一份最终报告并给部门分配一个总的审计等级。

接下来将由部门领导和人事部门共同合作提出一套改进行动计划并在最终报告中具体说明这些计划的要求,获得改进行动计划通常被认为是审计完成的标志。为部门领导和当地人事部共同提出改进计划提供的时间大约是三个星期。

四、标准审计的时长

考虑到部门人员的可用率、部门领导对详情调查的反应时间、审计程序、人力成本审计的结果等因素,一个审计员可以在两个星期内完成审计并提交最终报告。但是要设计整个人力成本审计项目通常需要10个月。设计活动包括:定义审计目标、范围和人力成本审计项目的操作;设计审计手册、操作验证;招募和培训审计员。

考虑假期、休假、生病等因素,一个审计员预计每年可以完成20个审计,将会涉及大约1 500名员工。人力成本审计的效果在其全面执行的前6个月中就变得很清晰。虽然在这一阶段并不适合详细讨论人力成本审计的结果,但是在这一阶段进行的部门审计证明了一些被审计人事领域相当数量的政策偏差。为了对人力成本审计结果做出反应,所有被审计部门都要在规定的时间内呈交可接受的改进行动计划。虽然有一定的工作标准量化工作,但是很多问题仍需要讨论来完成。人力成本审计的价值也许来自它给组织人事成本管理实践各方面施加的压力,但是审计活动可以消除一些成本管理的不足,加强人事操作的关键在于员工和部门负责人运用审计结果不断修改成本管理功能,跟上组织的变化。

| 第八章 |

要务 6：奖励激励打出最优组合

第一节 永远不要定期发奖金

一、“圣诞奖金”是把双刃剑

很多外资企业都设置圣诞奖金，在圣诞节的时候是全年最大的福利，很多人因此受益。但后来很多老板开始抱怨，他们认为没有比圣诞奖金更无益的企业开支了。因为圣诞奖金已经变成了每个人都能拿到、且与员工绩效无关、完全可预料的事情。但是如果不发，员工的积极性便会大打折扣。如果某种奖金或报酬成为必然，它就不再具有激励作用，甚至成为一种成本负担。

很多大企业都有发高额奖金的经验，不定期地随时发奖金才是最有效的做法。从时间来说，不具备规律性，但从激励的作用来说，这是有规律可循的。当员工的表现或行为值得给予奖赏的时候，就会得到奖金。员工会喜欢这种将绩效与回报挂钩的做法。有些管理者避开了这种方法，因为这种方法需要不断地评估员工的绩效：谁该获得奖金？谁不该获得奖金？多少奖金？如果给每个员工都发放圣诞奖金，这就容易多了。但是定期可预期的奖励效果是最差的，也让很多老板觉得只是增加了成本，并未起到激励作用。

二、奖励设置要平衡

在一个运营良好的企业中,确定奖励时需要保持平衡,即慷慨式的平衡。很多老板首先自诩自身的企业为优秀的企业,要求每个员工注重利润,杜绝各种浪费,但是实际行动上表现出自己不是大企业,无法支付员工非常优厚的奖励,这使得员工无法相信其能成为一流的企业。在发展期的企业,必须慷慨地支付奖励,这样员工才能感受到,他们在与老板共享创造高利润企业所带来的效益。

但是,慷慨归慷慨,一定要平衡。如果慷慨大度的奖励变成一种人人都有的东西,如果奖励和依据脱节,整个企业文化、整个系统以及企业的最终效益就会由于奖励引发出不正之风,每况愈下。

在运营良好的企业中,确定奖励的标准时需要遵循三个原则。

(1)对于直接影响到企业效益的员工,其奖励应该大大高于其他企业中的类似职位。要尽其所能留住这些员工并让他们保持干劲和热情。

(2)对于核心员工,奖励也应该设置得高一些,要与一般员工区别开来。

(3)将奖励与贡献密切挂钩。企业文化应该着眼于利润和效率,而不是浪费;信奉高效率工作,而不是工作时间有多长。信奉公正管理,能者上,庸者下。剔除不必要的特权,老板自身要习惯于节俭,但付给员工优厚的奖励。优秀的员工会乐意在这种企业文化中工作,并积极为企业创造利润。

三、企业奖励激励的成本问题重重

奖励激励问题已经成为困扰股东、员工和 HR 的一个普遍问题。很多企业面对奖励激励问题时,总是回避与逃避,但是如果不正视奖励激励问题,及时发现调整不合理的奖励激励制度,就会出现奖励激励危机,也只有拥有好的奖励方案,企业才能合理运用成本,撬动效率,持续、稳定地向前发展。

由于历史的影响,很多企业奖励激励制度较为僵化,未与市场接轨,奖励激励层次差距过小，而少数企业的奖励激励层次又过大。还有些企业常以协议工资为主，缺乏一定的规划性，导致奖励激励制度过于灵活，缺乏清晰的制度、弹性大、不易管理。部分企业则高薪高压，职场文化盛行，不关注员工的心理收入。但总的来说，企业奖励激励管理的核心问题仍然体现为竞争性、公平性、激励性和成本性几个方面。

员工一般对奖励激励有三点主要评价，即奖励激励水平、奖励激励结构和奖励激励调整。如表8-1所示。

表8-1　员工的奖励激励问题前三甲

项　目	主要问题	抱怨的声音
奖励激励水平	水平低	"我赚得太少了"
奖励激励结构	结构单一、浮动较大、依据不明	"扣得太多了"
奖励激励调整	调薪频度低、调薪幅度小	"从来不调薪"

而众多企业也同样会有三种常见的问题：奖励激励成本、奖励激励激励、奖励激励争议。如表8-2所示。

表8-2　HR面对奖励激励问题前三甲

项　目	主要问题	抱怨的声音
奖励激励成本	人力成本居高不下，持续上涨压力较大	"奖励激励成本控制严格，招不到高薪的人才"
奖励激励	奖励激励无法展现激励效果	"固定部分较大，浮动部分与业绩挂钩较难"
奖励激励争议	因奖励激励而引发的争议主要集中在加班费、税后工资、年薪制、期权、分红、福利费等几个方面	"奖励激励纠纷太头疼"

但是反映到企业层面，奖励激励问题就是一个系统问题。

第二节　奖励激励诊断五大维度

一、合理应用奖励激励数据进行诊断

应用奖励激励四个公平性理论诊断企业奖励激励体系是较为传统的诊

断方法,而现在数据越来越丰富,各行各业的各种奖励激励数据以及与奖励激励相关数据充斥着企业管理的各个流程。合理应用数据进行诊断,是现在诊断方式中较为核心的课题。数据是认识世界的重要工具,人力资源成本数据化分析主要利用统计工具和手段,对企业人力资源管理活动过程所发生的行为数据,进行搜集、整理、分析,并对人力资源管理活动的现象进行观察,解释客观的现状、发展、态势和规律性。而诊断的概念出现,则源于现代企业管理思想呈现了一个大体相同趋势,即一定要阐明企业去往何处的问题。而企业对自我认知、自我健康情况的审视,往往却容易被忽略。全面认知企业自身,定期的体检,才能更好地找到企业管理的短板,确定未来的发展方向。

如何科学地进行奖励激励诊断,节省企业成本,提高人力资源投资回报率,从而成为利润中心,是现代企业奖励激励管理的目标和工作重点。企业要在市场竞争中获得优势,奖励激励管理起着至关重要的作用。但是中国现代企业随着改革迅速发展而壮大的过程中,遗留了很多弊病,严重阻碍了企业人力资源进一步发展。合适的奖励激励诊断方法,能够帮助人力资源工作者,甚至企业管理者,深度挖掘现有奖励激励体系存在的问题和薄弱环节,通过分析数据背后所产生的原因,看到优化空间和方向,提高企业奖励激励管理水平。奖励激励诊断是企业人力资源发展的必要手段,同时也是企业在运行中,常常忽略的环节。笔者结合多年奖励激励诊断实践,总结了企业奖励激励诊断中常出现的问题及对策,形成了五大数据化维度审视企业奖励激励管理法。以此可以供企业自检及自我审视,促进人力资源管理的提升。奖励激励诊断五维度,即竞争维度、战略维度、财务维度、员工维度和平衡维度,如图8-1所示。

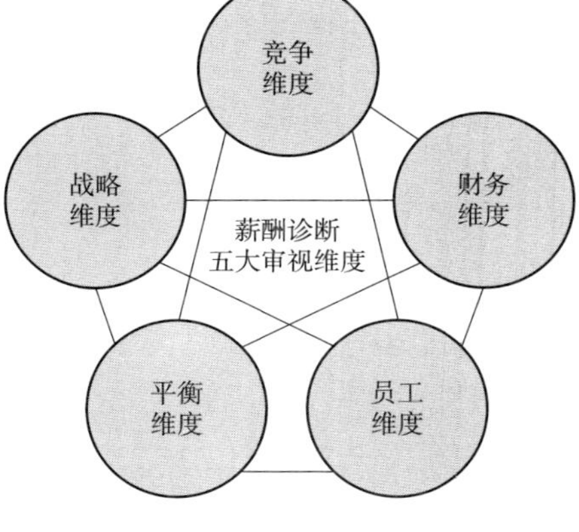

图8-1 奖励激励诊断五维度

二、竞争维度展现外部性

竞争维度主要通过在同行业、同地区、同岗位之间进行奖励激励调查，应用标准、规范渠道以及专业统计方法，收集市场上雇主奖励激励数据并做出判断的系统过程。通过对奖励激励数据的分类、汇总和分析，形成能够客观反映市场人力资源用工环境成本现状的奖励激励调查报告。通过奖励激励调查，企业可以将自己的奖励激励数据与市场数据进行有效对比，由此可以检视出企业本身奖励激励水平、结构、涨薪幅度等竞争性是否与外部市场匹配。

在竞争维度里，微观数据方面包括奖励激励回归分析、市场奖励激励结构分析、职位奖励激励数据分析和职位奖励激励偏离度分析等。

回归分析法是统计学应用于管理学中最常用的数据分析方法之一，职位等级高低与奖励激励多少成正比例关系，也就是说，职位等级越高的员工，拿到的奖励激励也就越多，反之亦然。因此，奖励激励分析中，一般利用对自变量（职位等级）和因变量（奖励激励）建立回归统计模型进行分析。奖励激励回归分析更直观地表现出市场奖励激励规律性分布，方便企业进行竞争性的检测。

奖励激励偏离度是人力资源工作者在奖励激励分析中常常忽略的一个因素。结合外部的回归分析进行岗位奖励激励的偏离度分析，更会聚焦，更会有的放矢地选择出核心岗位外部奖励激励竞争差异，继而从面到点进行诊断与分析。

通过对大量数据研究分析，奖励激励偏离度达到30%以上，岗位人员离职意向将明显增强。图8-2中人力资源专员的中位值偏离度已经达到－35.5%，应当进入人力资源风险管理系统，因为已经构成离职风险。

三、战略维度展示奖励激励的高度

根据企业经营目标和战略，制定企业奖励激励和行业奖励激励策略，结

部门	岗位	年度总现金	25P	偏离度	50P	偏离度	75P	偏离度
人力资源部	人力资源部经理	155 900	124 280	20.3%	166 469	−6.8%	228 422	−46.5%
人力资源部	薪酬主管	71 500	61 950	13.4%	66 297	7.3%	80 586	−12.7%
人力资源部	招聘主管	76 508	58 950	22.9%	72 297	5.5%	85 586	−11.9%
人力资源部	人力资源部专员	55 500	54 862	1.1%	75 185	−35.5%	93 397	−68.3%
账务部	财务经理	174 100	159 265	8.5%	182 415	−4.8%	255 691	−46.9%
账务部	财务主管	83 900	75 398	10.1%	93 316	−11.2%	133 557	−59.2%
账务部	会计	51 412	45 399	11.7%	52 003	−1.1%	62 503	−21.6%
账务部	出纳	26 100	29 265	−12.1%	32 415	−24.2%	35 691	−36.7%
研发部	研发经理	183 100	166 729	8.9%	227 900	−24.5%	289 182	−57.9%
研发部	研发主管	103 510	85 399	17.5%	122 003	−17.9%	152 503	−47.3%
研发部	研发工程师	73 100	64 363	12.0%	77 015	−5.4%	84 323	−15.4%
工程部	工程经理	169 672	148 098	12.7%	222 896	−31.4%	295 904	−74.4%
工程部	维修工程师	64 128	56 729	11.5%	67 900	−5.9%	79 182	−23.5%
工程部	技术员	42 050	380 98	9.4%	48 896	−16.3%	59 904	−42.5%

图8-2　某企业职位奖励激励偏离度分析示意图

合企业经营目标和市场定位,所处发展阶段、奖励激励支付能力、公司文化特点等,确定企业在同行业中的奖励激励水平。企业处于不同发展阶段可以采用不同的奖励激励策略和参考不同的奖励激励口径。在同一个企业组织内,也可能存在多种奖励激励策略。不同的业务单元可能处于不同的生命周期,因此应对不同的业务单元或职能部门制定不同的奖励激励策略。如很多人将奖励激励策略总是理解成奖励激励领先型战略、跟随性战略和混合型战略等奖励激励水平策略,这些仅仅是反映岗位奖励激励水平的初、中、高阶段,完全忽视了奖励激励策略的其他定位。其实在奖励激励策略维度里,包含的内容不仅仅是奖励激励水平一个因素。奖励激励策略维度中需要完善六大策略,即成本策略、水平策略、架构策略、差别策略、增长策略和支付策略。

在战略维度里,尤其重要的是在高管奖励激励设计时,要充分理解企业战略。高管奖励激励与员工奖励激励有着本质的不同,不可简单地从水平、结构角度切入,战略绩效角度更适合成为高管奖励激励设计的指导思想。

四、财务维度展示奖励激励成本逻辑

财务维度主要是从成本和控制监测方面对奖励激励进行诊断，一般诊断周期与奖励激励发放周期一致，并且略有提前，而到一个财年结束时，要进行全年的盘点，以便制定新一个财年的规划和战略。在财务维度里，主要有五大微观指标，即奖励激励总额占营业收入比例，奖励激励总额占营业支出比例，各奖励激励组合占奖励激励总额比例，奖励激励福利总额增长率和人力资本投资回报率。

财务维度的五大微观指标在操作时，尽量细分指标。比如，以各奖励激励组合奖励激励总额比例为例，不仅可以进行简单的分解成基本奖励激励占奖励激励总额的比例、浮动奖励激励占奖励激励总额的比例，通过层级也可以细分为高管奖励激励总额占奖励激励总额比例、中基层管理人员奖励激励总额占奖励激励总额比例，或者各项福利费用占奖励激励总额比例等。同时，结合企业历史情况和竞争维度，充实内部和外部市场数据，与企业现状进行对比。完善的细分数据，将更好地体现奖励激励成本把控的细节，为降本增效管理决策提供更准确的数据分析。

人力资本投资回报率计算公式为：人力资本投资回报率 = 营业收入 - [营业费用 +（薪酬成本 + 福利成本）] ÷（薪酬成本 + 福利成本）。人力资本投资回报率反映了企业在雇佣员工身上财务投资的回报率，人力资本投资回报率理想的数字是在市场的75分位以上。

五、员工维度直面员工心理，解决盲点数据

员工维度是定量和定性结合的一种奖励激励诊断方式。这里提供四种微观指标，即奖励激励满意度，离职调研，绩优员工访谈和环境影响调研。

访谈和问卷调研是传统调研方法，企业可以引入咨询公司第三方，在无利益冲突的情况下进行，使得获取的数据更真实，更能了解员工的真实想法。也可以进行有针对性的调研，一般情况下，核心员工和新进员工比较愿意畅谈对企业的看法。

首先要进行问卷的设计,一个科学、严谨、逻辑清晰的调研问卷要花费一定量的时间成本。比如在奖励激励满意度这个指标上,可以分为三个计量项目,员工对整套奖励激励体系的满意度、员工对奖励激励价值的满意度和员工对奖励激励类别的满意度。在评价方式上,建议采用李克特量表五点量表,其中5分代表"非常满意",逐次递减,分数越高,表示该项目越高。问卷调查之后,针对数据分析显示出的典型问题,可以组织部分员工进行个别访谈,进一步了解深层次的原因。

六、平衡维度是产生内部公平的重要途径

最后的平衡维度主要诊断奖励激励体系的内部公平性,包含三个基本分析指标,即内部等级奖励激励分析,各部门占比分析和内部奖励激励差距(相对和绝对)。

内部相对和绝对的奖励激励差距是两个对奖励激励水平幅度设计的主要参考依据,理想情况是相对奖励激励差距在10以内,被认为是最公平的状态。而中国企业的普遍情况却是几十倍甚至几百倍的奖励激励差距。逐渐增长的基层员工成本也体现了缩小奖励激励差距是一项人力资源管理的重要工作。图8-3所示为某企业内部奖励激励差距。

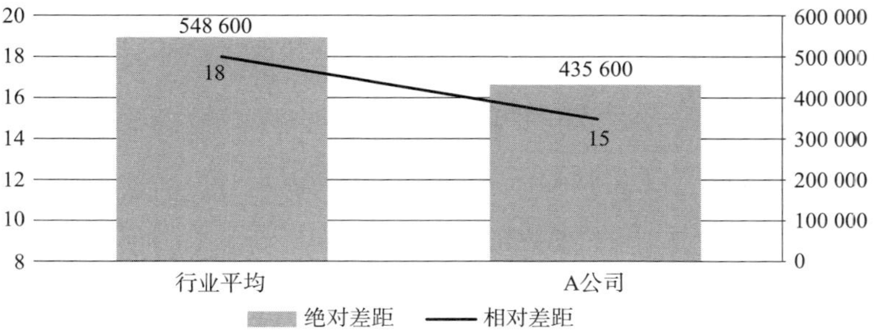

图8-3 某企业内部奖励激励差距

奖励激励体系作为企业各项管理体系之一,与企业其他体系形成相互配合的系统,成为降本增效的手段,企业实现战略目标的杠杆。奖励激励问题也历来是员工最关注的热点问题,在奖励激励变革和动态持续调整中,难

免会出现一些针对性不强，战略关联度不够等问题，导致变革或者调整的失败。此时，就需要通过奖励激励诊断来发现企业奖励激励管理中的问题，人力资源工作者必须高度重视奖励激励诊断在企业奖励激励成本管理中的作用，也只有对企业进行了客观合理的奖励激励诊断才能确保及时反映企业人力资源现状，为人力资源管理决策形成依据，从而推进人工成本变革发展，达成人力资源战略。

第三节　奖励激励结构设计九步法

一、了解全面奖励激励福利体系的构成

在企业管理中，如何使奖励激励更好地发挥杠杆作用，这是一个比较宏观的话题。奖励激励体系的设计是一项系统性和专业性很强的工作，要想让奖励激励管理发挥杠杆作用，首先应当明确"杠杆"要撬动的是什么，即根据企业的战略目标，确定在当前阶段企业希望重点激励的是什么。奖励激励结构不同的划分，就达到了我们激励性的目的。很多人说奖励激励可上不可下，其实这是奖励激励水平的问题。比如跟随性策略、领先性策略，这些都是奖励激励水平的问题。

笔者总结了奖励激励结构设计的九步法，第一步叫作了解全面奖励激励福利体系的构成。这一点很重要，在此基础上要了解全面奖励激励理论到底由几方面构成的，其中有全面奖励激励、直接奖励激励、回报类的奖励激励等内容。

当然，其中关键点在于构成的分类，一般分为四大类，有的情况下也分为五大类，多了一个中长期激励。现金奖励激励、直接奖励激励、间接奖励激励等这一部分是分析重点，需要分析的不仅仅是市场的、全面的奖励激励，同时要分析自身企业的全面奖励激励体系。很多人在全面奖励激励体系方面做得并不好，要结合企业去选取一些相应的要素，如奖励激励要素，也就是奖励激励能够形成奖励激励结构的基本条件。具体一点，能够体现在工资表上的这些东西，我们放在一起来做奖励激励要素池，进行挑选，如图 8-4 所示。

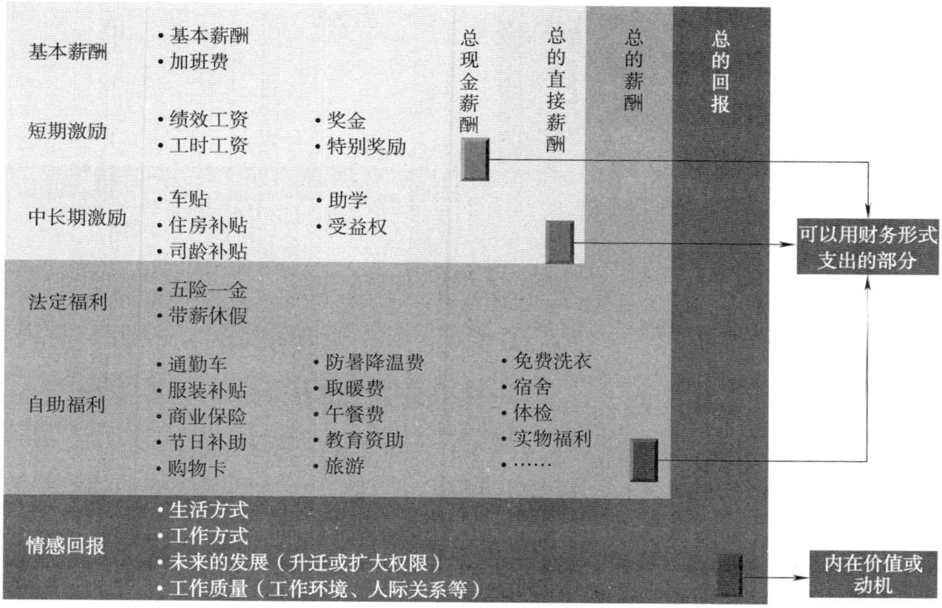

图 8-4 奖励激励福利体系构成

不同的行业，不同的文化，甚至不同的团队，各价值要素关联性各不相同。怀旧对新入职的年轻员工影响没有太大的意义，也许赚钱和自我实现价值更为重要。但是在拥有 20 年以上的老牌企业，怀旧就成为一种黏合剂，每当企业如履薄冰之际，总能促进员工精诚团结，共渡难关。如果之后再加上赚钱要素，实施全员涨薪，就更能固化怀旧这一要素，两者联结的力量将超乎寻常。

二、绘制奖励激励结构地图

第二步，是奖励激励结构设计中最有技术含量的事情，要绘制奖励激励结构地图，也叫奖励激励结构规划。我们在一张白板或画图软件上，要把这些所有的元素清晰地描述出来，设计奖励激励结构应该是什么样的，然后把各类人员通过具体的方式描述出来，甚至具体到发薪那一刻。如图 8-5 所示。

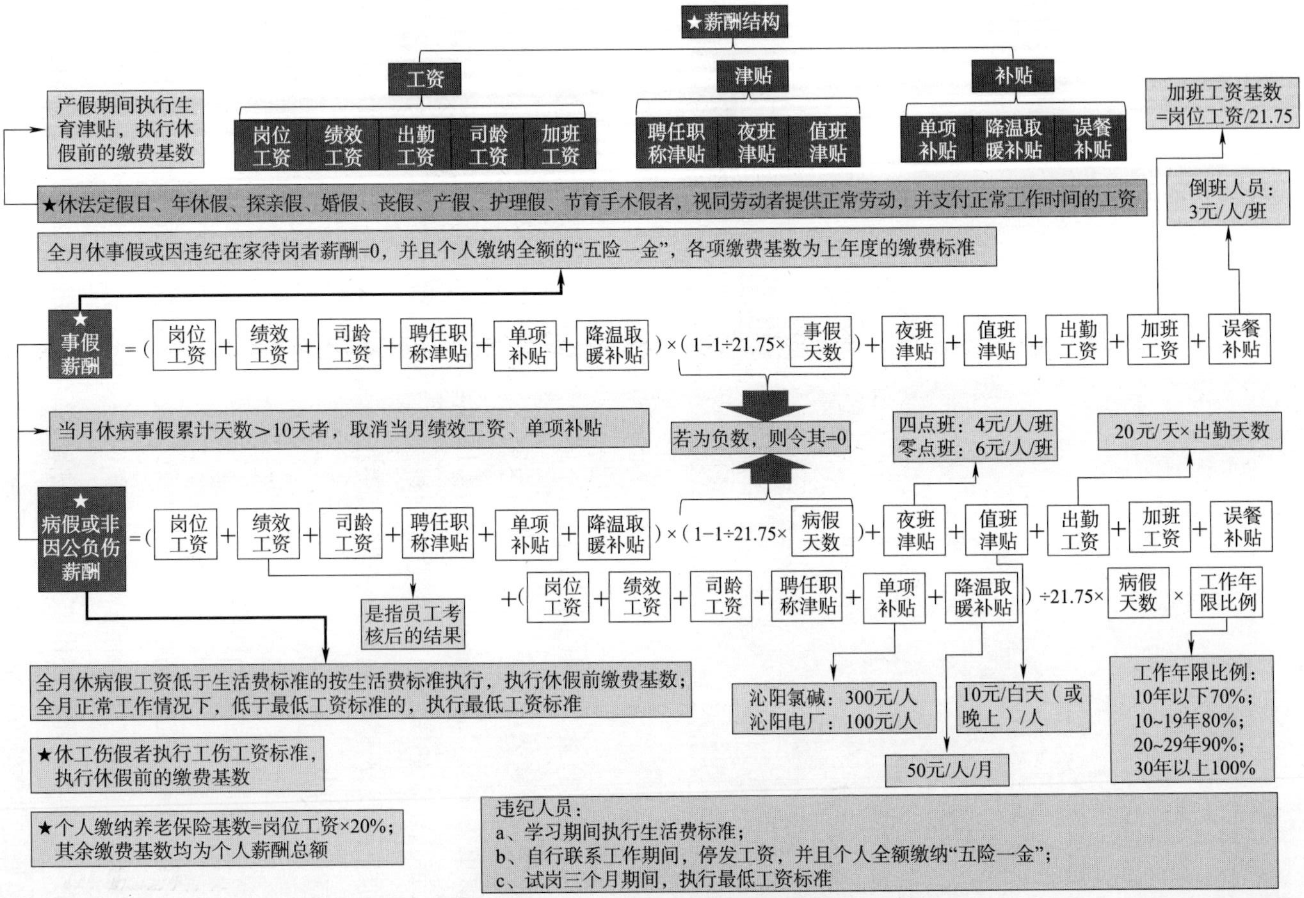

图8-5　奖励激励结构地图示意

比如销售人员怎么发薪,一个销售员基薪一个月2 000元,然后提成赚了50万元,是因为达到什么目标?有20万元的什么奖?30万元的什么奖?然后他的津贴和补助是什么?把这些写下来,把它的架构写出来,不一定要把金额写下来。然后是研究,基本奖金多少,可能是1万元,他的项目奖金是多少?他大项目拿了3 000元,小项目拿了1 000元,这个月是多少?如果是14 000元,是怎么加上来的?加上他的津贴补贴,再加上企业的补助,我们把一种思维方式写到这张地图上来,叫作奖励激励结构地图,奖励激励结构地图给我们展示出我们预判的一个全景。

三、明确各奖励激励要素的属性

第三步把这些奖励激励结构中的一些元素抽取出来,形成一张图,这张图主要分析奖励激励结构的属性与价值。价值分两方面,对员工的价值,对企业的价值。这些结构是如何作为驱动因素的,此时应明确出来,包括发放的时间,适合的人群,这就是奖励激励结构设计的一个关键点。

这张图,建议大家在奖励激励结构设计中都要有。比如绩效工资,绩效工资的属性肯定是激励因素。作为激励因素员工的价值是什么?对他个人业绩能够及时得到什么样的回报?然后对企业的价值是什么?它通过近期的目标去创造什么?创造业绩的员工,企业有多少利润?驱动因素就是它要完成的绩效结果。只有清晰了解到这些要素究竟是干什么,什么价值,才能够有效地利用它。这是这张图最重要的一个意义,如图8-6所示。

四、分层分类确定各类人群的奖励激励福利结构及比例

第四步要这个层级具体的再进行细分,利用这些要素明确,到底给谁或不给谁,什么人能给,给到多少之后起到什么样的作用,这就是要把奖励激励要素确定出具体的人群来,如图8-7所示。

序号	薪酬要素	属性	对员工的价值	对公司的价值	驱动因素	发放时间	适用人群
1	基本薪酬	保健因素	职位贡献的回报，保障员工基本生活水平	体现职位价值，实现同工同酬，消除内部不公	职级 任职资格	月度	各职位族
2	加班费	保健因素	非正常工作能及时得到补偿	能促进员工的敬业精神，创造好的企业文化	加班时间	月度	非管理族
3	绩效工资	激励因素	员工个人业绩能及时得到回报	能让员工看到近期目标并创造业绩，对员工创造业绩正强化	绩效结果	按考核期	非一线操作
4	工时工资	激励因素	完成作业任务的回报	体现工作产出，倡导多劳多得	工作产出	月度	一线操作
5	奖金	激励因素	分享企业利润	激励员工做出超额贡献	绩效结果	半年/年	各职位族
6	特别奖励	激励因素	完成特殊事项或获得荣誉的回报	能促进员工的敬业精神，创造好的企业文化，对员工即时激励	奖励条件	即时	各职位族
7	车贴	激励因素	改善出行条件	减少公务用车，提升企业形象	职级	月度	非操作族
8	住房补贴	激励因素	帮助员工提高住房标准	激励员工长期服务，挽留约束	司龄/职级	月度	各职位族
9	司龄补贴	激励因素	有经验的员工得到相应补偿	鼓励员工长期为企业服务，提高员工忠诚感	司龄	月度	各职位族
10	助学	激励因素	给员工扩大视野、提高信心、结交朋友的机会	促进员工能力和人脉提升，鼓励员工为企业长期服务，提高忠诚度	职级	——	各职位族
11	受益权	激励因素	享受企业发展带来的收益	激励员工关心企业的整体效益，将企业的发展和个人发展紧密相连在一起，挽留约束	职级/司龄	——	各职位族
12	法定福利项目	保健因素	改善员工生活和消除员工后顾之忧	能增加员工对企业的归属感	薪酬水平	月度	各职位族
13	自助福利项目	激励因素	为员工生活提供便利	提高员工对企业的忠诚度	职级、绩效，任职资格	年度	各职位族

图8-6 明确各奖励激励要素属性

序号	薪酬要素	属性	专业族			
			核心层	中坚层	骨干层	基层
1	基本薪酬	保健因素	√	√	√	√
2	加班费	保健因素			√	√
3	绩效工资	激励因素	√	√	√	√
4	工时工资	激励因素				
5	奖金	激励因素	√	√	√	√
6	特别奖励	激励因素	√	√	√	√
7	车贴	激励因素	√	√		
8	住房补贴	激励因素	√	√	√	√
9	司龄补贴	激励因素	√	√	√	√
10	助学	激励因素	√	√	√	
11	受益权	激励因素	√	√		
12	法定福利项目	保健因素	√	√	√	√
13	自助福利项目	激励因素	√	√	√	√

图 8-7　分层分类确定各类人群的奖励激励福利结构及比例

五、为确定奖励激励结构，首先将全体员工进行分类

第三步是确定具体要素，第四步是确定不同的人群，第五步则是对全体员工进行分类。按照价值结构进行分类，不同序列有不同的分类方式。因为不同群体激励不同，在这种情况下可以保证整体要素不溢出，而各个序列各取所需，如图 8-8 所示。

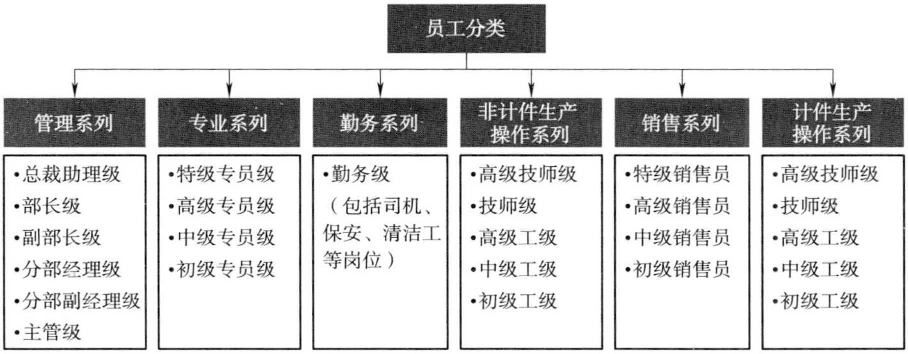

图 8-8　员工分类

一家企业分为管理、专业、勤务、非计件、销售和计件。一方面销售序列

的奖励激励，销售不同的层级人员有不同的比例，有研发的项目奖，还有生产类的，计件和非计件部门都有，同时还有一些绿色通道，给一些专家类人才设置，让管理类的奖励激励也有一定的多样性，这样的一个组织里面去设计奖励激励，才是一个体系性的奖励激励。

如果说一家企业只实施宽带奖励激励不拆分，大家所有的聚焦点都会关注晋升的方向，但是这个时候晋升的标准又很难去确定，因为评价标准不一，很多人用绩效，首要条件是绩效运行良好，指标目标并非空谈。还有任职资格、人才盘点、人力测评，很难反映出一种清晰的环境来，这就给宽带奖励激励带来了很大的挑战性。所以说很多企业认为奖励激励的体系性是企业所有人都进入了一套系统里面，其实是错误的。体系性就在于不同的人群进入不同的体系里面，而且是一套完整可预算、可判断、可调整的奖励激励体系，这才是奖励激励真正的体系性。

六、奖励激励结构合并与调整

到了第六步才会出现大家认为的奖励激励结构的设计。具体有哪些结构是合并与调整，如图8-9所示。这是一个实际发生过的案例，调整的原因写上供大家参考。对于以前的一些奖励激励结构不合理的地方进行合并省去，并且把新的元素注入进来，这个时候才是真正叫奖励激励结构部分，如果没有前面五步的铺垫，第六步凭空去想象，这无异于修建空中楼阁，前面五步构建的便是基础。很多企业跳过前面五步，直接开始干预奖励激励设计，这是不对的，运行一段时间就会发现，激励不到员工本身。

到了这一步奖励激励制度应该是出现了。此处应当再次明确，企业新奖励激励总收入包含基本工资、绩效工资、奖金、司龄工龄、津贴补贴和福利，这也同时说明了为什么而付薪，这便是基本的付薪逻辑。

七、确定奖励激励结构中的比例

第七步要确定奖励激励结构比例。正确的奖励激励结构比例能够提高员工的工作积极性，同时还能起到正向考核和激励的作用。

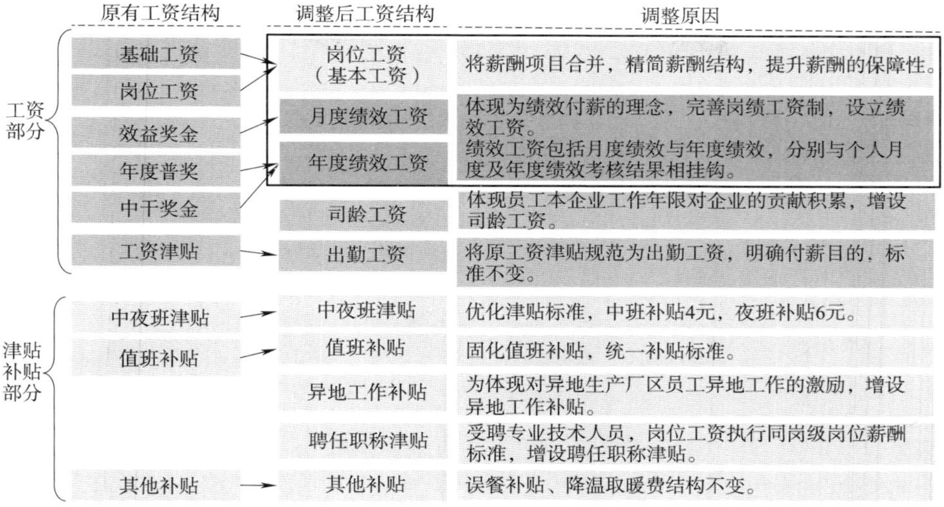

图 8-9 奖励激励结构合并与调整

比例1:固定工资和变动工资比。

固定工资和变动工资的合理比例是非常重要的。工资中的固定工资能够给员工带来很大的安全感,同时保障员工的日常生活。但是,如果一个员工的固定工资过高,就会产生安全感过多而变得懈怠、不思进取的情况。而变动工资过多,又会造成员工安全感过低、离职率增高的情况。因此要根据不同的岗位层级情况设计不同的工资比。

比例2:短期奖励激励和长期奖励激励。

企业所处的发展阶段不同,短期和长期奖励激励比例也不同。大多数企业的基层员工更适合大比例的短期奖励激励,而新兴行业、新成立的公司,为了更好地激励和留住员工,往往会承诺更高、更多比例的长期奖励激励。

如图8-10所示,就是要设计这样的一个比例图,这张图需要在会议上去讨论的,同时一些新的调研报告要给出这样的一些数额做参考,其中可以看到行业上不同岗位的不同特点,如果一个基层人员,给五五开的奖励激励,招聘的时候就很难招。当一家企业高管的团队基本是五五开的时候,或者是四六开的时候，我们大致可以看出这家企业追逐绩效工资比较多一些，同时也会发现工作也是随着奖励激励结构的比例变化而变化的。

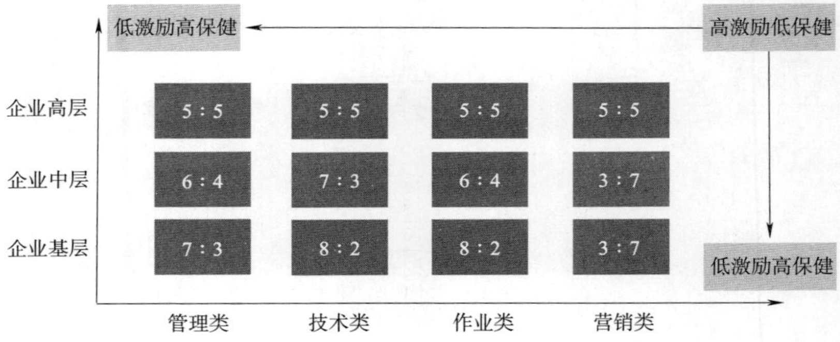

图 8-10　不同层级不同职类奖励激励结构

八、分解年度与月度奖励激励总额表

在宽带奖励激励设计中，设计出一套等级工资表来，并且大家都认可，应该是里程碑式的胜利。但是如何将等级工资表应用到实际奖励激励管理当中呢？这个时候就要看等级工资表中的数据来源是什么，一般都是年度总现金设计的，也就是一个人一年拿多少钱。等级工资表算是年度的标准，在奖励激励结构设计里，要先分解到月度，月度再进行下一步分解。很多人说年度分解成月度，不就除以12吗？当我们确定好比例之后，月份就不一定是12了。像一些汽车企业一年要发22个月的工资，这个时候就不能以自然月份周期去算了，要根据企业具体情况决定。如图8-11所示。

在分解的过程中，有如下注意事项。

(1)基层可不设年度收入；中层以上的人员可考虑设立年底奖金。

(2)若企业有分红策略，可单独立项，并不需要在等级工资表里体现。

(3)越基层岗位，对即时收益的关注度越大，保证月度工资的标准。

分解到月度之后，根据各岗位的固浮比例再次分解。这个时候奖励激励结构的元素才和具体的奖励激励对应起来，要把等级工资表快速且有效

1档	2档	3档	4档	5档	6档	7档	岗级	1档	2档	3档	4档	5档	6档	7档
74 400	76 680	78 960	81 360	84 240	87 240	90 240	13	4 650	4 793	4 935	5 085	5 265	5 453	5 640
65 880	67 800	69 840	71 880	74 400	77 040	79 680	12	4 118	4 238	4 365	4 493	4 650	4 815	4 980
64 440	66 360	68 400	70 440	72 960	75 480	78 120	11	4 028	4 148	4 275	4 403	4 560	4 718	4 883
58 560	60 360	62 160	63 960	66 240	68 520	70 920	10	3 670	3 783	3 895	4 008	4 150	4 293	4 443
56 520	58 200	60 000	61 800	63 960	66 240	68 520	9	3 523	3 628	3 740	3 853	3 988	4 130	4 273
36 120	37 200	38 280	39 480	40 920	42 360	43 800	8	3 010	3 100	3 190	3 290	3 410	3 530	3 650
30 720	31 680	32 640	33 600	34 800	36 000	37 320	7	2 560	2 640	2 720	2 800	2 900	3 000	3 110
29 520	30 360	31 320	32 280	33 360	34 560	35 760	6	2 460	2 530	2 610	2 690	2 780	2 880	2 980
24 240	24 960	25 680	26 400	27 360	28 320	29 280	5	2 020	2 080	2 140	2 200	2 280	2 360	2 440
22 320	23 040	23 760	24 480	25 320	26 160	27 120	4	1 860	1 920	1 980	2 040	2 110	2 180	2 260
19 680	20 280	20 880	21 480	22 200	22 920	23 760	3	1 640	1 690	1 740	1 790	1 850	1 910	1 980
18 120	18 720	19 320	19 920	20 640	21 360	22 080	2	1 510	1 560	1 610	1 660	1 720	1 780	1 840
17 160	17 640	18 120	18 720	19 320	20 040	20 760	1	1 430	1 470	1 510	1 560	1 610	1 670	1 730

图 8-11 年度分解到月度

地分解下来,这就考验奖励激励管理的能力了。因为更有经验的奖励激励管理必会先想到这一步,他会知道宽带奖励激励一定是要分解的,会把大体的一个奖励激励结构画出来,然后和宽带奖励激励相互验证,两步并成一步。

九、奖励激励设计最终结果就是一张工资表头

在做好充足的准备工作后,就可以制作工资表了。下面我们先分析工资表的结构,之后再给出工资表的样表以及注意事项,如图 8-12 所示。

										单项补贴标准			考勤结果																						应得工资项																	扣款项				
																					病假					加班工数			倒班工数			值班工数																								
序号	员工编号	姓名	进入宇航年月	职务/工种	聘任职称	司龄工资标准	职称津贴标准	岗位工资	绩效工资基数	沁阳氯碱厂	沁阳电厂	降温、取暖补贴标准	本工	年休假	婚假	丧假	探亲假	护理假	节育假	产假	工数	比例%	工伤假	事假	旷工	工作日150%	休息日200%	法定假日300%	0	8	4	白天	夜晚	考核后的绩效工资	岗位工资	绩效工资	出勤工资	司龄工资	加班及节假日工资	聘任职称津贴	夜班津贴	值班津贴	单项补贴	误餐补贴	降温/取暖补贴	生育津贴	工伤工资	其他	最低工资补贴	最低生活费补贴	应得工资合计	医疗保险2%	养老保险8%	失业保险1%	公积金10%	实发工资

图 8-12 工资表样表

工资表是详细记录工资、基本福利发放情况的表格,原则上要清晰明了、逻辑关系明确、数据准确,一般的工资表包括以下结构。

1. 表头、表尾

表头一般包括文件名称、统计周期和打印日期三项。大多数企业的工资是一月一发,所以工资表一般是一月一做,文件名称一般为"××公司××××年××月工资明细表"。统计周期是工资的计薪周期,企业一般采取"自然月(1—30/31日)""16日—次月15日"或"21日—次月20日"等几种方式,可依据企业的不同情况来确定。打印日期是出表日期,一般在制作好工资表并准备签批前填写此日期。

表尾一般包括备注、页码和工资表签批人员、日期。备注是要对工资表进行特别说明或补充说明的事项。工资表签批流程一般包括"制表人""审核人"和"批准人",如签批人较多,可以增加"一级审核人""二级审核人"或"HR经理审核""业务部门经理审核"等,来区分不同的审核、批准级别或职位人员。

2. 员工基本信息

员工基本信息是工资表最左侧的几列固定项,用于明确员工的基本信息,一般包括"序号""部门""姓名"等,也可根据实际情况增加,如"工卡号""职位""二级部门"等。原则上,员工基本信息要尽量简短。

3. 税前工资细目及总额

绝大部分工资科目都是税前工资。在这部分主要体现工资的具体细目,一般采用"基本/岗位工资+绩效工资增项-绩效工资减项+补贴/津贴增项-补贴/津贴减项+其他工资"的模式。

在明确工资细目的基础上,要计算出汇总额,即以上述明细加减后得到的结果。

4. 社会保险/公积金个人和公司部分

请注意,社会保险(五险)和公积金的个人缴纳部分是列入税前扣款的。虽然社会保险(五险)和公积金的公司缴纳部分不对个人扣款,但仍列入工资表中,用于人工成本总额统计。

5. 考勤

考勤扣款也是列入税前扣款部分的。一般使用考勤扣款的汇总数,但也有使用考勤扣款各细目的,如“迟到扣款”“事假扣款”等。

6. 个人所得税

一般指个人所得税总数,但也可细分为“税前总额”“扣税基数”“速算扣除数”“个人所得税额”等细项。

7. 税后增减项

对税后的增减项要特别注意,尤其是税后增项,需要查询相关税法来确定。

8. 工资实发额

这一项指实际发到员工手里的工资额。

9. 工资总额

这部分一般包括“公司工资支出合计”“公司福利支出合计”和“公司人工成本支出合计”三项。这部分体现在工资表中主要是为人工成本总额统计做准备工作。

10. 其他补充信息

除以上工资表项目外,还可以添加其他补充信息,包括“身份证号”“银行账号”“发薪地”“备注”等。

工资表头出现之后,好比这是一栋大楼封顶了,开始装修内饰部分了,应用奖励激励的套级套档原则,把每个人的奖励激励数据填写进去,把下个月工资做出来,这就是内饰部分。新工资表头能够出现,这个意义是非常重大的,说明奖励激励结构设计已经完成。

第四节 奖励激励动态管理

一、动态管理的必要性

孙子兵法中有句话说得非常的好,叫“非利不动,非得不用,非危不战”。没有利益不要行动,没有取胜的把握不要用兵,不到危急关头不要开战。没有取胜的把握,不用兵,不打无准备、无把握之仗。

孙子兵法还有一句话是谋定而后动。先把这个事情想明白之后,再去调整,这也是极为重要的。打仗如此,企业奖励激励动态管理也如此。首先不要乱调整,其次不要不调整,企业真想让奖励激励动起来,需要遵循如下奖励激励的基本原理和规律。

(1)内外公平性:对外保持竞争,对内相对公平原则。

(2)激励性:奖励激励除了保障性以外,最重要的功能就是激励性。

(3)层次需求性:不同层次人员对奖励激励福利需求的欲望是不同的。

(4)支付效率:奖励激励支付要有利于员工劳动生产率的提高。

(5)能力开发:奖励激励支付有利于员工能力的不断开发和提高。

(6)市场导向:考虑到奖励激励水平的市场性变化。

(7)经营情况:经营情况对人工成本的适应度。

(8)岗位价值:员工奖励激励不仅受市场影响,也受岗位价值的影响。

……

罗列起来就会发现,奖励激励调整的因素非常多,如图8-13所示。这就是奖励激励作为一个体系的背后复杂性。宽带奖励激励设计,并不是说一张表或者一个回归曲线就代表了全部。如果体系真就一张表和一张奖励激励曲线了,最辉煌的时刻可能便是奖励激励汇报那一时刻,然后就会陷入大量的抱怨和不满意当中。

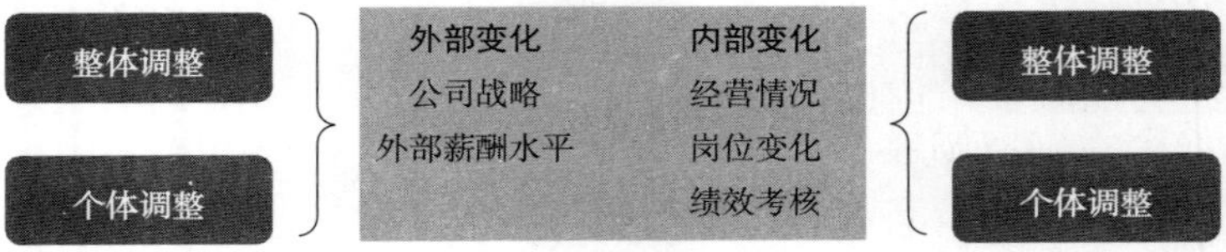

图8-13　奖励激励调整的因素

我们看两个小案例,让大家深入思考。

案例1:某项目经理自荐申请晋升总监,自己要求不涨薪,只提升职位,该不该涨薪呢?

案例2:公司没有普涨机制,一些员工要求每年都要有奖励激励适当普调,该不该涨薪?

当大家涨与不涨,调整与不调整这些问题陷入争议的时候,就会发现,不是奖励激励动起来,而是人才在奖励激励体系的框架里,要动起来。这也是奖励激励动态调整的本质,人才是具有流动性的。奖励激励的动态调整的原则和倾向,应该是人才的标准,也就是优秀的人才和中庸的人才应该如何取舍流动的问题。

当我们回头看入级入档,其实它就是一个涨薪的综合模型。换句话说就是将员工和薪档建立起一个连接,如何对员工的奖励激励进行水平的调整?企业在一年中什么时候为员工调薪?为什么调薪?对哪些人员进行调整?工作职位发生了哪些变化?绩效考核是否有了优良极差?这些问题都是这个"连接"的工作。

奖励激励管理作为人力资源管理的一项核心工作,与内外部的环境变迁密切相关,其策略和制度必须与企业的战略、组织结构、岗位设置、运营流程等相结合,对奖励激励实行动态管理才能更好地体现奖励激励的内部公平性和激励性。

传统奖励激励管理的奖励激励政策主要是强调奖励激励的内部公平性和外部竞争力,而奖励激励动态管理视员工为企业最重要的战略资产,考虑到奖励激励战略要与企业战略、人力资源战略相匹配,这就意味着在奖励激励动态管理模式下的奖励激励政策,不仅要考虑奖励激励的内部一致性和外部竞争力,还要考虑员工的贡献、战略匹配、战略弹性等问题。

二、动态奖励激励体系设计的步骤

一般情况下,奖励激励动态调整有6步法。

1. 监测外部数据,有针对性进行奖励激励调查

奖励激励调查分为内外两个方向。先在员工内部进行奖励激励满意度调查,再进行外部奖励激励调查,了解本企业在同行业中的地位及奖励激励水平。奖励激励调查一般要经过以下几个环节:第一,确定调查的范围和区域并邀请目标单位或雇员参与调查;第二,制作奖励激励和福利政策调查问卷;第三,确定行业职位描述手册;第四,职位匹配会议;第五,数据提交、数

据确认;第六,数据分析;第七,奖励激励和福利调查报告。

2. 深挖组织架构,对不同架构中职能考虑奖励激励结构

根据企业的战略和近期目标,基于业务流程对组织结构进行调整。业务流程再造与组织结构调整是一个复杂的互动过程。不同的组织结构有不同的组织形式,常见的组织形式一般有:直线职能组织、事业部制组织、矩阵型组织、网络型组织、流程型组织等。所以企业应明确本企业的组织架构,并据此制定相应的奖励激励结构。

3. 明确岗位分析重点,做好岗级与岗位的设置定位

根据组织架构职能特征,进行详细的工作岗位分析和评估,制定科学有效的工作说明书。第一,岗位的分类。企业根据各行业的岗位评价标准对各岗位进行多因素方面评价,以岗位评价结果位次为依据,确定与各岗位相对应的工资,实行易岗易薪。第二,岗级的设置应体现影响力和重要程度的差别。对于大型企业,每个岗位再划分几个档次,形成职等。不同职等也用不同的差别化奖励激励设置予以区别,并随职等变换而变动。

4. PDCA 的绩效系统及考核方法势在必行

PDCA 循环的含义是将绩效管理分为四个阶段,即 Plan(计划)、Do(执行)、Check(检查)和 Act(处理)。基层人员实施月度考核和年度考核相结合的办法,中层人员实施季度考核和年度考核相结合的办法,高层管理人员实施年度考核的办法。在事先的计划面前,根据各自考核的结果,在当期奖励激励中动态体现,并根据考核结果与员工进行绩效面谈,使其不断调整自己的工作表现和绩效,使其心态和行为都符合企业的价值观。具体来说可分为下面几步。

(1)绩效管理组织建立,并进行权限划分。企业应由管理层领导和各中层部门负责人组成岗位动态管理小组,各考核主体建立相应的动态考核机构,具体负责考评工作。

(2)对应出现一套绩效考核指标体系。由于企业员工所从事的岗位不同,其考核指标也不相同,但并不影响建立统一的指标体系。无论处于哪个层级的员工就其基本方面而言,主要是考核质量、数量、产量、服务和风险等

几个方面,企业应本着适用、方便为目标,建立一套定性评价与定量评价相结合的考核指标体系。

(3)公开并严格执行的考核办法。比如阿里巴巴的绩效考核分两块:价值观+业绩,各占50%左右。阿里巴巴独特的江湖文化在业内赫赫有名,所有阿里员工的价值观都要向"六脉神剑"靠拢,马云曾对HR部门下达指令:要严把招聘关,招聘优秀的人才,要吸引那些"和阿里的味道一样的人"。所谓"和阿里的味道一样的人",即认同阿里价值观的人。奖励激励动态管理存在究其根本是为了提升个人、团队、组织的绩效。

5. 设置基于岗位转换的奖励激励动态调整机制

企业内部的岗位转换引起的奖励激励周期性调整。企业要结合自己的实际情况,确定岗位转换周期,针对固定底薪,易岗易薪,能升能降的原则,当岗位发生变动时,要实现奖励激励的变动。岗位变动对应职级上升时,要根据新的职级对应关系来重新套岗入级。不必在易岗的同时即做出相应的奖励激励调整,也可以设计了一个考察期。尤其是针对干部晋升,可以保留有一定时间的考察期,合格之后才会调整工资。

6. 应用弹性福利制度作为奖励激励动态调整的补充

弹性福利制度是一种有别于传统固定式福利的新型福利制度。很多人把弹性福利制又称为"自助餐式的福利",即员工可以从企业所提供的一份列有各种福利项目的"菜单"中自由选择其所需要的福利。每一个员工都有自己"专属的"福利组合。但事实上,实施弹性福利制的企业,并不会让员工毫无限制地挑选福利措施,通常企业都会根据员工的奖励激励或家庭情况等因素来设定每一个员工所拥有的福利限额。而在福利清单中所列出的福利项目都会附一个金额,员工只能在自己的限额内购买喜欢的福利。随着奖励激励的调整,福利的限额也会发生一定的变化。

在实际工作中,福利的水平与福利的形式都将对员工产生激励作用,同时弹性福利非常强调"员工参与"的过程,通过企业与员工的互动,加强相互间的沟通和理解,增强员工和企业彼此的信任感,也是比较好的降本增效方案,坚定共同发展的信心。

| 第九章 |

要务7:时间成本控制寸阴寸金

第一节　成本的有形和无形

一、时间管理是新成本观

原材料采购、管理费用和人工成本历来是降本增效中控制的重要项目,因为作为内部成本管理来说,这几个成本显而易见,一旦额度过大,财务报表上数字会让人觉得非常刺眼。但是对于浪费时间形成的“时间成本”很少被纳入管理者成本管理的视野。一般来说,企业内部降本增效管理主要集中在两个方面,一是主要为原材料成本、人工成本等有形成本的削减,二是通过绩效管理等目标指标手段提高工作效率。当然,以上方式使得企业的成本管理能力得到了前所未有的提高。

然而,随着全球化的到来和市场透明度的不断提高,企业原材料采购成本的议价能力越来越弱,降低原材料成本的空间越来越小。与此同时,企业内部各种成本的降低和控制也逐渐接近极限。一般来说,如果企业试图在这两个方面继续挖掘和降低各种成本,就有可能变成不恰当地扣减人员的工资成本,甚至为了降低产品成本而走上产品质量的自毁之路。事实上,当今市场上的产品成本价格战,只意味着这样一个事实:传统的降低和控制成本的方式已经接近极限或即将结束。

企业最大的成本在哪里? 产品与客户之间的“时间”是企业成本管理

中最大的管理成本和最大的漏洞。前些年,大家认为库存是企业最大的威胁,日本企业还因此提出“看板式经营”,但在这几年智能化的普及,库存并不是产品与顾客之间的距离,而是产品与顾客之间的等待时间。

在电商行业里,京东物流无疑已经成为这个电商企业软实力的重要构成部分,跟京东的做法类似,天猫目前已经在全国1 000多个区县实现了物流当日达和次日达。充分利用数据平台支撑,以地域、时间等维度进行精准销售预测,提前把商品运送至销售地的仓库进行暂存,消费者购买超市类快消品、消费类电子产品、美妆等商品时,可以享受上午下单、下午收货,或者是下午下单、第二天收货。电商越来越快的配送速度,以及相差不大的商品价格,已经开始分流传统电商的消费者。这也倒逼很多零散的小型淘宝卖家开始寻找新平台合作,改旗易帜。

在被问及网上购物最关心的因素是什么时,至少有一半的消费者认为速度快是首选因素,而速度意味着节省时间成本,这样很多时间便不会浪费在路上。当一个产品到达客户手中时,从几天甚至长达一个月,缩短到一天甚至一个小时,它不再是一个简单的成本概念,而是成为企业在市场竞争中的有力武器。

例如房地产企业不再使用距离地铁站多少米的概念,而是转向了距离地铁站多长时间的概念。看似细微的文字改变,实则是“时间成本”的概念被企业越来越重视。

因此,出现了一种新的成本管理观点,即时间成本,它当然不是指在生产线上生产产品的速度,也不是指各种原材料投入与产品产出时间的投入产出比,而是时间本身成为一种成本,或者成本开始由时间单位来衡量。

二、一寸光阴一寸金

企业管理的纷杂工具让大家有些茫然,其实回到古今中外都懂的道理上,就是一寸光阴一寸金。1981年,深圳特区提出“时间就是金钱,效率就是生命”的口号,被誉为“知名度最高,对国人最有影响的口号”。这句在今天看来平常得不能再平常的口号,在当时却引起了轩然大波。一直到

1984年,邓小平同志视察深圳时,对这句标语表示了肯定,争议才得以平息。有人说,中国走向市场经济正是从这句口号开始的,深圳也是因为这句话为改革开放创造了一种模式。同理,市场经济的发展需要重视时间成本,市场经济下的企业管理更要重视时间成本的概念。

那么,如何避免增加时间成本呢?其实方法很简单,就是不犯同样的错误。其实浪费时间并不是很可怕,可怕的是在同一件事情上,去犯同样的错误。酿成同样的错误有很多种,比如员工离职问题,员工在企业积累的经验也叫知识资产,员工的经验是存在在员工自身,如果员工离职,就把企业的知识资产带走了,带到了竞争对手企业去了,如果把员工的这些隐性经验萃取出来,留在企业中,就会变成企业的知识资产。

企业最高的成本莫过于此了。一些组织浪费、人才浪费,不同企业会有不同的方式,每家企业的策略也不一样,可是在时间上,每个企业都是公平的,因为时间对任何企业甚至任何人来说,都是一个公平的资源。

沃尔玛的商业竞争口号是"天天低价",那么,它是怎样实现"天天低价"承诺的呢?是时间成本决定了产品价格,从而使得沃尔玛的"天天低价"成为了现实。沃尔玛建立起了基于时间成本管理的强大信息和物流系统,它的配送中心具有高度现代化的机械设施,送至此处的商品85%都采用机械处理,从而大大减少了人工处理的费用与时间,保证了进货从仓库到任何一家分店的时间不超过48小时,使得各分店即使只维持极少存货也能保持正常销售;它的先进的卫星通信网络,使得配送中心、供应商及每家分店的每一销售点之间,在短短数小时内便可完成"填妥订单→各分店订单汇总→送出订单"的整个流程。所有这一切,都是围绕着时间成本而进行的,各种技术仅仅是压缩时间的手段。

因此,未来的每一个企业基于"时间成本"的角度,重新分析企业各项费用成本的构成,并从隐性的时间成本中获得成本减少的收益,其中,无论是内部生产时间、还是外部销售时间,每增加一分钟的等待滞留时间,都意味着均摊了企业的总成本,而信息技术的应用则可以有效地压缩时间。因此,从这个意义来说,未来每一个企业都需要基于信息技术,架设起自己的

“零浪费系统”,因为能够马上反应环境变迁的组织,已经成为了未来企业的基本生存之道。

三、部门经理时间都去哪儿了

笔者之前在一家企业里做咨询,遇到过一位部门经理,他说他非常忙,时间安排得特别满,笔者在观察与访谈之后,发现他的时间有五大部分,如图9-1所示。

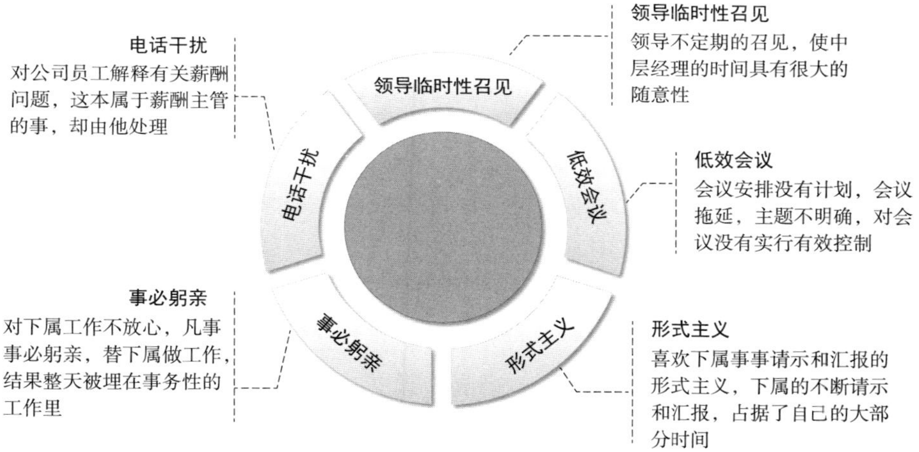

图9-1 部门经理的时间安排

这位部门经理是有计划性工作的,但是他认为突发的事情太多了,计划总是受到突发事件的干扰。通常我们认为时间管理最基本的是管理自己,也就是自我管理的过程,但是现在已经不再局限于管理个人了,是多方面的管理,是多方面的协调和融合,如图9-2所示。

彼得·德鲁克提出作为一名卓越的管理者,第一要做的是找出由于缺乏制度而产生时间浪费的因素。第二是人员的冗余产生的浪费。第三是组织不健全带来的时间的浪费。突出的表现就是会议太多,这是组织的缺陷不健全的一种补救措施。从理论上演绎的话,一个趋于理想的组织应该没有任何的会议,每一个人都是各司其职,有各自的角色和职责,能够自发地

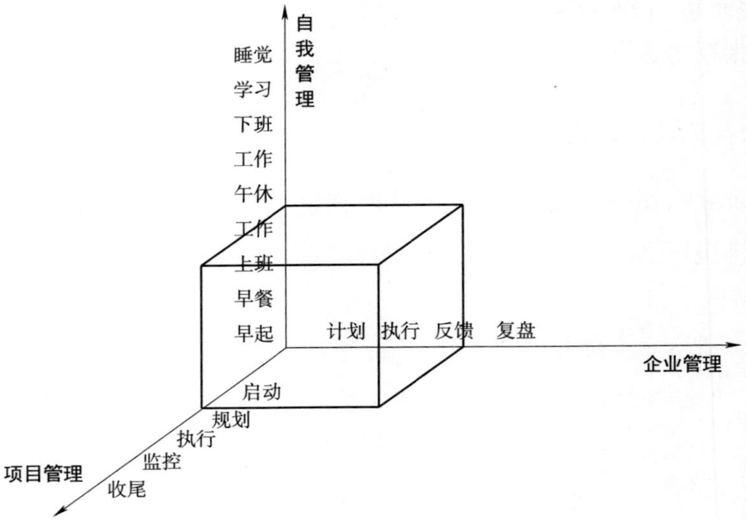

图 9-2 时间管理是多方面管理的协调和融合

为了目标而努力。当然,现实中没有如此完美的组织,那么,开会便成为必然。不过,即便如此,也应该对会议的举行采取慎重的态度。

两种情形应该需要开会,第一种需要合作,需要资源的交互,完成某一项特定和重要的任务的时候;另一种需要贡献每个人的知识和经验,集思广益,解决企业遇到的问题。

第四是浪费时间的因素。如信息不健全,信息交互机制不健全等,这其中最重要的就是信息不对称。比如一家制造型产业,生产出来产品的产量与财务统计的数据并不一致,而且与销售统计的数据也不同,那么产量自然无法明确。因为数据的口径不同,财务部门统计平均产量,还有出货量这类指标,销售部门产量要加上各种费用,甚至会拿出合同额,生产的部门统计的是重量、吨数,如此情况下很难说清这家生产企业到底生产了多少产品。

这对人力资源管理来说也是一大难点,很多时候依据产量去定岗定编,口径不一的时候,也影响到人力资源的管理。还有一个因为信息沟通引起的时间浪费,使得人力资源很被动,业务部门一直在做变革,变革之后架构也好,岗位也好,调整完成的结果,人力资源部门却并不知晓,而当人力资源部知晓的时候已经非常晚了,这便是信息的延迟。

四、成功人士都是时间管理大师

埃隆·马斯克可能是世界上最忙碌的企业家之一,他不仅创办了SpaceX、Paypal、特斯拉等公司,还养育了6个孩子。他是如何管理自己的时间呢?

首先是“Time Boxing”工作法,为任务设置时长,埃隆·马斯克会以5分钟为单位来安排日程,一天时光就切成了几百个“5分钟”。到工作时间,每天的最低标准是处理最关键的事务,包括最紧要工作、需要见面的关键人物和必须参加的关键活动。接下来的非工作事务,他会压缩在最短时间内完成,包括花5分钟吃饭,一周为约会安排10小时。

一心二用甚至三用,是埃隆·马斯克管理时间的一大特点,他会在开会时用手机打理生意,在检查发票时回复邮件,有时抱孩子坐在腿上玩耍还会抽空回邮件……埃隆·马斯克一年等于别人几年的工作量。

“第一性原理”也是埃隆·马斯克挂在嘴边的理论之一,他要确保自己了解绝大多数事情背后的基础科学原理或规则,这可以减少他花费大量时间去学习新概念,认知事物便有了一个平滑上扬的认知曲线。

不仅埃隆·马斯克如此,比如比尔·盖茨也是时间管理的大师。为了节省时间,比尔·盖茨有一个著名理论:“冲果珍的时间可以用来工作,因为你身体里有水。”有人曾统计比尔·盖茨一天的时间分配。早上6点起床,8点参加人工智能技术报告,9点和泰拉能源公司开会,10点半是微软董事会,中午留半小时午餐,和巴菲特打电话,12点半开卫生会议,接下来还要接受记者采访、去实验室……比尔·盖茨的助理曾说过,比尔·盖茨永远守时,因为时间是有限资源,他和普通人一样,一天只有24小时。

但凡成功人士,无一不是时间管理大师,与那个时间都去哪儿了的部门经理做一个对比,便可以发现其中的差异。时间虽然每天都是24小时,有的人安排得合理、高效,有的人看似很忙,但是效果大打折扣。

第二节　时间管理理论

一、便签时代:第一代时间管理理论

当我们谈时间管理的时候,管理的对象不是时间,而是我们自己,是组织对待时间的态度和方式,这是时间管理的本质。所以说时间管理它有自己的发展理论,是一个逐渐升级的过程。虽然现在时间管理理论发展到第4代,但还是要看最初时间管理中对待时间的态度和方式。

便签时代就是强调利用便签纸和备忘录,贴满了我们电脑屏幕的周边,做完一件事情,拿下一个便签。领到了新的任务,又会贴上一个。会发现便签一直都在,这种管理方式优缺点都很突出。

优点是确保重要事情不会遗忘,而且每完成一件任务都有明显的成就感。阻力最少,痛苦和压力也最少。

缺点是比较随意,没有对事物优先顺序的判断,没有严谨的组织架构,做事缺乏效率,比较注重眼前,也缺乏整体或长远的规划,所做之事也可能不符合人生的大目标。

二、日程时代:第二代时间管理理论

第二代时间管理叫作日程管理时代,强调通过工作计划表、日程表来安排时间。从工作任务开始的时候,列出一个具体的时间,比如说一天的计划中9:00~10:00做什么,10:00~10:30做什么,中午午休,午休之后又做什么。这周做什么,这个月做什么,这一年做什么,很多企业都停留在这个阶段。每一项任务都有开始结束的时间,企业都会制订一些长中短的计划。第二阶段的时间管理已经开始注意到对未来时间的规划问题了,所以说日程时代会比便签时代更先进一些,优点就是有计划做想做的事情,这样效率会高一些。

缺点就是对事情仍然没有什么一个轻重缓急的判断,虽然有计划,当然也会出现在安排过程中把这些事项占满的情形,没有良好的规划的时候,很容易出现例如我们规划人员申请了三天,其实我们半天就做完了,做完之后会自动拉长这个过程。或者说这三天时间前两天我不做,第三天下晚上的时候抓紧突击去做,这也是一种浪费的现象,制定计划本身就有可能浪费的现象。

有一句经典的话,正好是说第二阶段时间管理的,就是计划赶不上变化。突如其来的项目和需求会打乱整体的计划,又得开始重新规划日程安排。

三、优先时代:第三代时间管理理论

第三代时间管理摒弃了这样的一个特点,这个时候叫优先时代,工作越来越多的时候就会进行一个取舍,所以这个时候就有了一个工具,叫紧急和重要的工具,二维四象限法。按照紧急不紧急、重要不重要的思想线去排序,排完之后先找紧急和重要的事情,这样做时间管理,处理的效率非常的高,缺点就是缺乏灵活性,视野不会太广阔,它会局限于某一段时间。这个时候有一个推荐的时间管理方法,即手账方法。手账管理方法其实是第二代时间管理理论和第三代时间管理理论的结合。

(1)月计划:每季度大事件,每月主题,行动日程;在月计划页面写下每月主题、每季度大事件,这相当于工作重心,按精力分配计划。

(2)周计划:每周要事,每周主题,在一周的开始、一天的开始,挑出自己最困扰、害怕或者拖延很久了的那些事情,先去处理。

(3)时间轴:记录做事情的耗时,过程难点,拖延原因;用时间轴写下的自己的行动耗时。经常意识到自己现在在做什么,就会有意识地提高自己的效率,减少浪费。

(4)复盘反思:运用色彩心理学,用不同颜色的笔复盘工作流程;黑色,

记录自己做事情的耗时长短。蓝色,任务完成之后询问他人评价,记录发现的问题、需要采取的跟进行动。绿色,写下自我评价,记录做得好、成功的事情和心情雀跃的瞬间,善用对自己的美好预期来肯定自己,鼓励自己。红色,反思总结这一天,如果耗时超出我的预想,就做上记号,写上原因,如果提前完成,也会写上为什么比预期耗时要短。

四、价值时代:第四代时间管理理论

第4代的时间管理就是价值时代,价值时代有个明显的升级,升级的过程中的关注点,不再是根据时间的流逝来进行事务的安排了,这个时候重点放在强调以价值为中心,角色为导向的实现价值的一个过程中,所以充分体现了尊重人比事情更重要的原则。

优点:充分尊重人比事情更重要的原则,接受你内心良知的指导,针对个人独有的使命,将重心放在维持产出和产能的平衡上,将每一天的时间安排都围绕着个人的价值观和长期目标上。例如不再特别强调工作的竭尽全力,而是花更多的时间保证身体的健康和陪伴家人,花费时间在适当的休闲娱乐、社会交际和学习新的知识以维持长期的发展等。

缺点:并不是每个人都很清楚自己的使命、价值观和长远目标,也不是所有人都以原则为中心在面对生活工作的一切,所以对于这种时间管理方式不少人无所适从。

比如一个生产线和流水线,可能他们的这种时间更有紧迫感,一个生产的流水线,它不能去等人,不可能去考虑人的价值,但人的价值只能是灌输生产中去体现的。所以说不论哪一代的时间管理都有其优缺点,都有相适应的人群和我们的工作状态,不必去苛求,也不必去嘲笑,重点分析利弊,取长补短,根据不同的特点,根据不同的组织来强化时间管理,扬长避短,适合才是最好的。时间管理四代理论,如图9-3所示。

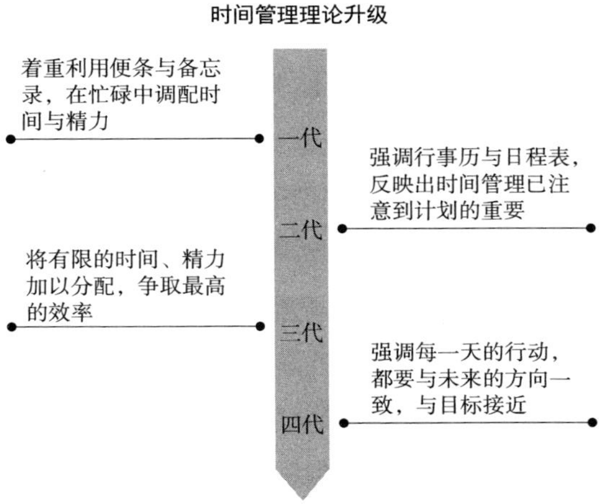

图 9-3 时间管理四代理论

第三节 时间管理在成本控制上的应用

一、企业时间管理四方面

基于四个时代的时间管理，企业应该对时间进行掌握和控制，能够有效地利用及规划时间，让工作有效率的进行，而且也可以让员工有更多的时间可以投入学习和生活之中。

企业要求员工拥有与管理者同等的时间管理能力是很难实现的，要求管理者去协助每一个下属都去做日程表和管理日志，也是不现实的。所以，时间管理在企业上实现就要借助多方面的力量，比如人力资源的政策法规制度，行为规范，办公软件、智能信息化应用等，最终固化成行为习惯，这样才能将时间管理全面应用到企业中。

企业的时间管理规划重点取决于以下四点。

1. 当日/次日/本周/本月/季度/年度任务安排

作为企业的一分子，需要每日有清晰的工作规划表，以及扩充至次日，本周，每月，季度年度的工作规划，因为只有清晰的思路才能带来准确无误的工作内容。而对于日程表和规划表，可以张贴到公共交流区域或者以电子版形式发送到管理群，或者应用到目标管理系统里，并且第一时间得到管理者的确认，这样能让每个人的形成工作习惯，及时配合工作，也能同时让企业工作透明化，让工作困难的阻力减少，带来更高的效率。

2. 企业目标和发展方向

企业管理层需要制定非常清晰的企业目标和发展方向，因为目标方向是企业员工内每个人的精神支柱，而作为个人，企业的发展会深入到每个员工行为层面，可以减少企业与员工之间的隔阂，同时能让员工付出自己最大的能力去帮助企业解决一系列的问题，让员工的长处更突出，利用自己擅长的事物解决企业难题。

3. 投入比及产出比

企业的投入比与产出比息息相关，这两个比例关乎每个员工及企业的收入。作为企业肯定是以营利为目的，作为员工则需要将收入最大化，只有让企业获得更多的收入才能更好地提高自己的收入。企业管理层需要清晰的规划财政支出并且制定方针，告知出投入预算及收入预算，让每个员工心里都有笔账单。同时让不能增加收入的同事也可以想着如何减少企业的支出。

4. 个人与企业的紧密关系及个人提升

这就要求企业尊重和培养员工，视员工为自己的合作伙伴，为员工创造发展的机会；而员工也应为企业尽全力，融入企业这个集体，与企业同进步，共发展；企业和员工之间建立和谐的关系，彼此才会有良性快速的发展。对企业的领导要求是“主不可无德，无德则臣叛”，员工是“义者不为不仁者死，智者不为暗主谋”，一个有杰出的智慧和领袖魅力的管理者会更有效地将员工凝聚在一起，让员工和企业一同迅速发展。

接着便是机制方面的建设，鼓励哪种行为就做哪种行为的激励奖励，如鼓励成本节约，便可以设置节约奖。企业要奖赏分明，绑定个人的付出和努力，而个人为企业付出的时间越多，则收益越多，企业不得以表面或者个人评价断定一个人的付出，要长时间的观察和记录。而个人不得浪费企业资源,企业的每一分钱都来之不易,珍惜公司资源等于珍惜个人财产,全心全意为企业付出才是员工本质所在。企业要不定时升降职位,让努力的人往上走,让不付出的人往外走。

二、统筹方法事半功倍

时间管理有一个方法叫统筹方法。数学家华罗庚先生写过一篇统筹方法的文章,写得通俗易懂,收录到中学课本里,因此这个方法得到了普及。统筹方法是用各种手段改变原有的办事风格,优化办事效率的一种方法,应用到企业管理中和组织管理中,也是非常的实用。

华罗庚先生原文举过一个例子,即“烧水泡茶”有五道工序:(1)烧开水,(2)洗茶壶,(3)茶杯,(4)拿茶叶,(5)泡茶。各道工序用时为:烧开水15分,洗茶壶2分,洗茶杯1分,拿茶叶1分,泡茶1分。

依据工序安排不同可以有三种情况。

(1)甲:烧开水同时,洗茶壶,洗茶杯,拿茶叶。

(2)乙:烧开水之前,洗茶壶,洗茶杯,拿茶叶。

(3)丙:烧开水之后,洗茶壶,洗茶杯,拿茶叶。

相对应的时间花费也不同。

(1)甲:16分钟。

(2)乙:20分钟。

(3)丙:20分钟。

这种情况不仅应用到时间管理,在算法和编程上也得到了广泛应用。即处理多重任务的时候,如何有效管理时间成本。

笔者曾遇到一位研发工程师,负责新产品的策划设计与特性分析。在三月的某一天,他要做的事情及预估工作时间如表9-1所示。

表9-1 研发工程师预估工作时间

工作项目	耗　时
产品分析测试实验	两小时

续上表

工作项目	耗　时
撰写测试报告	两小时
从上海至南京出差	两小时(动车)
南京分公司会议	两小时
整理会议资料	两小时
从南京回上海	两小时(动车)

将上述所有预估工作时数加总后,所得数值为十二个小时,以一般的上班时数来看,不拼命加班的话,绝不可能在一天之内完成。但若稍加改变思考模式,将会发现并安排出完全不同的工作日程。

每当人们拿到新的工作,大家习惯于在工作日程中找到空白之处,并将新工作填进去,就算完成了日程安排,却不知道某些工作可以在同一时间进行。其实,只要巧妙地挪动与安排,即可提前完成所有工作,为自己制造更多的休闲时间。切勿以为所需总时间一定等于各步骤分别所需时间之总和。这是因为许多工作可同时进行。当同时进行的事项越多,所需总时间则越短。但是,并不是所有的工作都可以安排在同一时间。什么样的工作才能安排在同一时间呢?可以划分两种不同类型的工作,一是“消耗工作”,二是“产出工作”。消耗工作在进行某个工作的时候,时间不断流逝,但自己其实并未投入大量精力,这种工作即称为“消耗工作”。例如在会议中,枯坐发呆等待会议结束,但其实没有开动脑筋;在上下班路上,我们站着等车或坐在车上,但实际上并未动脑思考。花费自己的精力、体力、脑力,全神贯注投入的工作,则称为“产出工作”。例如在办公室内进行头脑风暴,全神贯注完成工作;或在实验室内聚精会神,仔细执行分析与测试。可以发现,“消耗工作”可以与“产出工作”重叠的安排在同一时间内,此时注意力集中在“产出工作”上,同时捎带着完成了不得不完成的“消耗工作”。如果你希望拥有更多的时间,请先按照事务的性质,将自己一整天的工作划分为“消耗工作”及“产出工作”,然后依互相配置予以适当排列组合,当行动受到拘束,或是必须待在某地的状况下,人类的大脑就会发挥作用。乘飞机、高铁时,一般至少需要两个半小时,因此,大脑就会开始想做些事。若是此时有该做而未做的工作,就能做最有效的运用,而不致白费时间。很多人抱怨工作已经很忙了,但只要耐心发现身边的消耗时间,是可以加以利用起来的,时间管理也就没想象中那么困难了。

所以,利用各种手段去整合一些资源,然后通过合理的运用时间,把时间发挥最多的限度,在最短的时间内做出最多的事情,这就是我们所说的统筹方法。

三、世界最大量级的时间管理

我国的港珠澳大桥超级工程是世界级工程,是全球最大的跨海大桥。它不仅是桥,它由三部分构成,即桥、隧道、岛。

在这个桥、隧道和岛之中,有很多子系统,比如收费系统、通信监控系统、消防系统、照明系统、供电供水,甚至防止雷电系统,这么多个系统存在的时候,不可能一个系统去施工,肯定是同步进行,这就需要协调和默契了。

不仅通车的情况下如此,在建造的时候也是这样,因为分为三个部分,桥、岛、隧道为一体,这样的情况下不可能先去造桥,造完桥之后再去造岛,最后再去造隧道,它一定是同时去建造,所以说对于规划性的要求就非常高。

港珠澳大桥的桥、隧道、岛建设过程几乎是同时进行的,在进行外海建造人工岛时,便有一部分在海底铺设沉管,沉管对接时,桥面则开始吊装,同时隧道已经开挖,所有建设都是同步进行。

另外整个建设过程中,桥、岛、隧道同时施工,在同时施工时,也不是等材料全部完成的时候一起运输,都是边造边做,为了这个大桥,建设方还制造了一个庞然大物,海上吊装平台,装备问题也是同步进行,这一切都是在同一个时间内完成的。所以,我们说港珠澳大桥一共建设 14 年,其实建造过程就是 9 年,设计是 5 年,如此庞大复杂的一项工程,其统筹方法也非常的精妙。如图 9-4 所示。

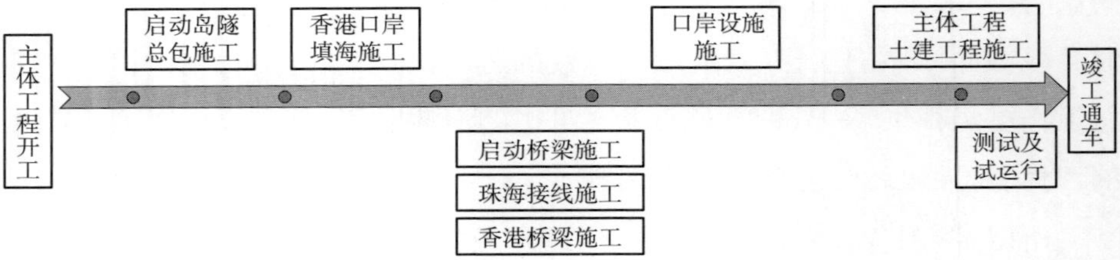

图 9-4　港珠澳大桥的统筹方法

如果没有精妙的统筹方法，可能我们很难在如此短的时间内看到这样一座海上巨型桥梁工程的诞生。

流程的管理中，时间的评价要素最重要，在流程诊断里强调时间的有效性成为重中之重。企业通过时间陷阱的分析法，寻找流程中存在的时间漏洞和陷阱，然后通过陷阱找出在流程中浪费的环节，提高效率。

再一个便是对原流程进行诊断分析的时候，要通过收集每一个业务流程中的各个环节花费的时间找出流程的增值性环节，然后用时间来诊断现有流程，这是组织流程诊断的一个重要方法。如图 9-5 所示，通过时间花费对招投标流程进行诊断。

组织流程是做事的脉络、方法和途径，是一系列动作的组合，流程最怕的就是打结，两个流程在一起互相推诿，互相去掣肘，这就会变得很麻烦，也影响了效率。在组织管理中，在实践管理中，这是一个非常重要的问题。

四、区域连锁企业在时间管理上的策略

区域连锁企业前期有一定的投入，很多区域连锁企业认为前期硬件投入后就已经成功大半，但实际上并不是这样的，大部分的区域连锁企业老板都会忽视的时间管理成本，但这种成本是绝大多数企业都承受不起的消耗。

在很多人开店的过程中，关于开店成本，都没有把时间成本算进去。现实中，这样的人比比皆是。有的人租下房子几个月还没装修好，半年过去了，还没开始营业。笔者甚至见过最长的是一年多时间，装修还没结束。但是，有的人从租房开始，三个月便收回投资了，这就是区别。

招投标流程			关键活动	责任部门	效率标准
1.招投标受理流程			招标申请受理、资料审核/签收、项目编号、图纸资料保管	服务厅	1个工作日
2.招管理流程			项目打捆、招标方式确定、编制招/投标计划、签署委托协议	综合计划处	1个工作日
3.议标流程			议标、编制委托书、中心领导审批	综合计划处	?
4.招/评标	4.1 招标文件编制流程		招标文件/标底编制、委托方审核/修改	技经1、2处	22个工作日
	4.2 招标范围确定	4.2.1 招标公告流程	资格预审公告/文件编制及发布，发售资格预审文件	综合计划处	2个工作日
		4.2.2 邀标范围确定流程	确定邀请招标的投标厂商	综合计划处	7个工作日
		4.2.3 资格预审流程	投标厂商资格审查	资审办	1个工作日
	4.3 招标文件发售流程		通知投标单位、收费、发放招标文件	服务厅	5个工作日
	4.4 评标准备流程		确定评标专家、现场踏勘/答疑、获取标底	业务处	?
	4.5 评标流程		开标/评标/定标/编制中标通知、计算代理费、评标专家考核	业务处	12个工作日
5.发标流程			收费、发中标通知及相关资料	服务厅	4个工作日
6.项目跟进控制流程			工程质量/进度/价格动态监控，动态更新厂商数据库	综合计划处	动态

图9-5 通过时间花费对招投标流程进行诊断

有一位区域连锁企业老板曾向笔者咨询过这样的问题，为什么区域连锁企业一直做不好，不盈利？后来笔者询问才知道，已经三四个月了，该企业的店务、营销、培训、招聘都还没做到位。为什么？这就是没有成本意识！

从开店那一日开始算起，一旦租房，每天都有费用开支，除了这个还有是时间、精力的不断投入。从经济学上讲，一直不营业，就一直是负数；一直不营业就一直是原地踏步，整个事情没有往前推进。时间久了，老板本人、员工都没有了激情。这种情况会直接导致有些店输在起跑线上，还没开业就陷入了困局。这样的区域连锁企业如何盈利？

所以，区域连锁企业老板一定要做好时间管理。装修、招聘、选产品、培训这些工作要齐头并进。但是这里面有一个先后顺序的问题，装修是固定投资，一旦装修好几年动不了，即使是多花点钱，但是假如能节省出时间和精力也是非常值得的一件事情。

很多人开店只是搞个装修，自己充当了包工头的角色。可是，装修得再好，最后你的区域连锁企业没有人，经营不好店铺还是没意义。所以招聘和培训恰恰是需要花费时间和精力，而且是不能将就的。招了人之后，尤其是第一批人到位之后，要学会用人，要尽快让他们创造价值创造效益，办法就是去拓客。

其实很多健身房都是在开始装修的时候，便满大街招揽顾客了，到装修结束，基本成本也回来了，后期便能轻松盈利。

店还没装修好就去拓客，很多人有心理障碍，认为不可能。是的，心理障碍肯定会有，但这并不是不能克服的。通过拓客也能更好地把握周边消费群体的特点，为后期经营打好基础。

区域连锁企业经营一定要未曾开业先造势，开店一定要学会先启动营销宣传，而且要在线上线下同时开始。开业前宣传得好，后期营销才能省心省力，也能轻松起到事半功倍的效果。

读者意见反馈表

亲爱的读者：

感谢您对中国铁道出版社有限公司的支持，您的建议是我们不断改进工作的信息来源，您的需求是我们不断开拓创新的基础。为了更好地服务读者，出版更多的精品图书，希望您能在百忙之中抽出时间填写这份意见反馈表发给我们。随书纸制表格请在填好后剪下寄到：北京市西城区右安门西街8号中国铁道出版社有限公司大众出版中心 王佩 收（邮编：100054）。此外，读者也可以直接通过电子邮件把意见反馈给我们，E-mail地址是：505733396@qq.com。我们将选出意见中肯的热心读者，赠送本社的其他图书作为奖励。同时，我们将充分考虑您的意见和建议，并尽可能地给您满意的答复。谢谢！

- -

所购书名： ______________________________

个人资料：

姓名：____________ 性别：__________ 年龄：__________ 文化程度：____________

职业：____________________ 电话：______________ E-mail：______________

通信地址：______________________________________ 邮编：______________

- -

您是如何得知本书的：

□书店宣传 □网络宣传 □展会促销 □出版社图书目录 □老师指定 □杂志、报纸等的介绍 □别人推荐 □其他（请指明）______________________________

您从何处得到本书的：

□书店 □邮购 □商场、超市等卖场 □图书销售的网站 □培训学校 □其他

影响您购买本书的因素（可多选）：

□内容实用 □价格合理 □装帧设计精美 □带多媒体教学光盘 □优惠促销 □书评广告 □出版社知名度 □作者名气 □工作、生活和学习的需要 □其他

您对本书封面设计的满意程度：

□很满意 □比较满意 □一般 □不满意 □改进建议

您对本书的总体满意程度：

从文字的角度 □很满意 □比较满意 □一般 □不满意

从技术的角度 □很满意 □比较满意 □一般 □不满意

您希望书中图的比例是多少：

□少量的图片辅以大量的文字 □图文比例相当 □大量的图片辅以少量的文字

您希望本书的定价是多少：

本书最令您满意的是：

1.

2.

您在使用本书时遇到哪些困难：

1.

2.

您希望本书在哪些方面进行改进：

1.

2.

您需要购买哪些方面的图书？对我社现有图书有什么好的建议？

您更喜欢阅读哪些类型和层次的书籍（可多选）？

□入门类 □精通类 □综合类 □问答类 □图解类 □查询手册类

您在学习计算机的过程中有什么困难？

您的其他要求：